Abreviaturas de países

B-H	Bosnia-Herzegovina
BÉL.	Bélgica
C. VATICANO	Ciudad del Vaticano
EAU	Emiratos Árabes Unidos
ESLO.	Eslovenia
EE UU	Estados Unidos de América
Fed. Rusa	Federación Rusa
KOS.	Kosovo
LIECH.	Liechtenstein
LUX.	Luxemburgo
MAC.	Macedonia
MONT.	Montenegro
NZ	Nueva Zelanda
PP BB	Países Bajos
REP. CHECA	República Checa
R.D. CONGO	República Democrática del Congo
RU	Reino Unido
SM	San Marino

¿Dónde VIVIERON los DINOSAURIOS?

LA VIDA PREHISTÓRICA EN MAPAS COMO NUNCA LA HABÍAS VISTO

Escrito por Chris Barker y Darren Naish
Consultor Darren Naish

Edición sénior Ashwin Khurana
Edición de arte sénior Rachael Grady, Stefan Podhorodecki
Edición de cartografía sénior Simon Mumford
Edición Ann Baggaley, Chris Hawkes, Sarah MacLeod
Diseño Chrissy Barnard, David Ball, Angela Ball
Ilustración James Kuether, Adam Benton,
Stuart Jackson-Carter, Peter Minister, Simon Mumford
Retoque creativo Steve Crozier, Stefan Podhorodecki
Mapas paleográficos Colorado Plateau Geosystems Inc

Edición de la cubierta Emma Dawson
Diseño de la cubierta Priyanka Bansal
Dirección de desarrollo del diseño de la cubierta Sophia MTT
Diseño de maquetación sénior Harish Aggarwal
Documentación iconográfica Deepak Negi
Producción sénior (preproducción) Andy Hilliard
Producción sénior Mary Slater

Edición ejecutiva Francesca Baines
Edición ejecutiva de arte Philip Letsu
Dirección editorial Andrew Macintyre
Subdirección editorial Liz Wheeler
Dirección de arte Karen Self
Dirección de diseño Phil Ormerod
Dirección general editorial Jonathan Metcalf

Servicios editoriales: Tinta Simpàtica
Traducción: Ana Riera Aragay

Publicado originalmente
en Gran Bretaña en 2019
por Dorling Kindersley Limited
80 Strand, London WC2R 0RL
Parte de Penguin Random House

Copyright © 2019 Dorling Kindersley Limited
Traducción española:
© 2019 Dorling Kindersley Limited

Reservados todos los derechos.
Queda prohibida, salvo excepción prevista en la
ley, cualquier forma de reproducción, distribución,
comunicación pública y transformación de esta
obra sin la autorización escrita de los titulares
de la propiedad intelectual.

Título original: *What's Where on Earth.
Dinosaurs and Other Prehistoric Life*
Primera edición: 2019

ISBN: 978-1-4654-8677-6

Impreso y encuadernado en Dubái

UN MUNDO DE IDEAS
www.dkespañol.com

CONTENIDOS

Yutyrannus

Aparecen los dinosaurios

América del Norte

Coelophysis

América del Sur

África

Australia y la Antártida

Europa

Asia

Después de los dinosaurios

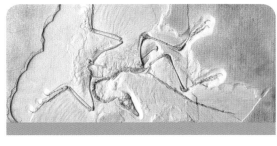

Referencia

Polacanthus

Hatzegopteryx

Giraffatitan

Prólogo

Mis aventuras como paleontólogo me han llevado a muchos lugares interesantes, tanto en mi país, el Reino Unido, como en el extranjero, y a descubrir nuevas especies. Junto a otros colegas, bautizamos a dinosaurios como el *Eotyrannus*, el *Xenoposeidon* y el *Mirischia*, y a los pterosaurios *Vectidraco* y *Eurazhdarcho*. Una de las cosas que más me atraen de los dinosaurios, los reptiles marinos gigantes y otros animales primitivos es que todos tienen una historia única, al igual que los animales actuales.

En este libro encontrarás una enorme variedad de criaturas que vivieron en nuestro planeta durante la «era de los dinosaurios», hace unos 235-66 millones de años. Descubrirás dónde vivieron y lo que eso nos revela de ellos. Hoy, los animales salvajes viven en zonas conocidas como «zonas de distribución», en las que encuentran

lo que necesitan para sobrevivir. Así, un animal como el orangután, que habita en la selva y se alimenta de frutos, solo puede vivir en la selva, y esta debe tener los frutales adecuados. Algunos animales siguen viviendo donde lo hicieron sus antepasados, y otros han ampliado su zona de distribución empujados por factores como el clima y el lento desplazamiento de los continentes. En algunos casos, han descubierto nuevos hábitats nadando o volando.

Descubrir cómo ha ido cambiando nuestro planeta a lo largo de millones de años y cómo se han adaptado los animales a dichos cambios resulta excitante. Analizarlo nos ayudará a hacernos una idea de cómo fueron las especies prehistóricas. Con la ayuda de los mapas

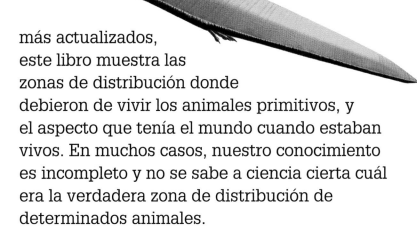

más actualizados,
este libro muestra las
zonas de distribución donde
debieron de vivir los animales primitivos, y
el aspecto que tenía el mundo cuando estaban
vivos. En muchos casos, nuestro conocimiento
es incompleto y no se sabe a ciencia cierta cuál
era la verdadera zona de distribución de
determinados animales.

Confío en que este volumen despierte tu interés
por el fascinante pasado prehistórico de la Tierra
y que, con un poco de suerte, acabes haciendo
tus propios descubrimientos.

Darren Naish

Comprender los globos de localización

Los continentes han ido cambiando a lo largo de los
tiempos. Por ello, junto a cada uno de los mapas que
muestran cuándo y dónde vivió el animal prehistórico,
se puede ver también un globo terráqueo que compara
esa área con la de Tierra en la actualidad.

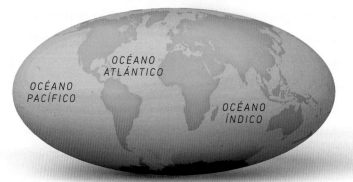

La primera capa muestra el mapa actual de la Tierra
con la indicación de sus principales océanos.

La segunda capa, de color verde claro, muestra el aspecto que debía
de tener la Tierra cuando vivía el dinosaurio del que se habla.

La tercera capa, de color verde oscuro, indica la región específica
que se muestra en el mapa principal de localización de las páginas.

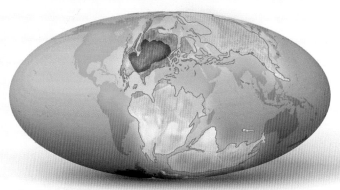

La capa final, de color rojo, indica el área de expansión del dinosaurio,
tal como se muestra también en el mapa principal de localización.

APARECEN LOS DINOSAURIOS

Encuentro en el Triásico
Alarmados por la presencia del temible reptil carnívoro *Postosuchus*, un grupo de *Coelophysis* se aprestan a huir. Otro reptil, un *Desmatosuchus*, se aleja sabiamente del lugar.

Homínidos
Aparece un grupo de primates de los que evolucionarán grandes simios y finalmente los humanos.

Dinosaurios
Aparecen en el Triásico Superior, hace 235 millones de años, tras una extinción masiva a finales del Pérmico.

Mamíferos
Los antepasados de los mamíferos modernos se desarrollaron hace más de 320 millones de años.

Plantas terrestres
Las primeras aparecieron en el Ordovícico, hace más de 450 millones de años.

Animales
Hace 600 millones de años, aparecieron algunos animales primitivos como las esponjas.

Mamut lanudo

ACTUALIDAD

PALEOZOICO

MESOZOICO

CENOZOICO

PROTEROZOICO

12 11 10 9 8 7 6

Cronología de la Tierra

La Tierra tiene unos 4600 millones de años. Pero al parecer se formó bastante deprisa, en unos 10-20 millones de años. Rocas y metales que flotaban por el sistema solar empezaron a juntarse hasta formar un gran cuerpo que giraba alrededor de un sol primitivo. Los metales más densos cayeron hacia el centro caliente formando el núcleo de la Tierra, y las rocas más ligeras formaron una corteza, con lo que se creó la Tierra como la conocemos hoy.

Vida multicelular
Algunos eucariotas evolucionaron dando paso a formas de vida multicelulares, los antepasados de plantas, hongos y animales.

Eucariotas
Son formas de vida más complejas que los procariotas que se desarrollaron hace 2000 millones de años.

La Tierra a lo largo del tiempo

Algunos científicos describen la formación de la Tierra tomando como referencia las 12 horas de un reloj. Así resulta más fácil entender la magnitud y los enormes saltos de tiempo geológico. Empieza a media noche con la formación de la Tierra y cada hora representa unos 375 millones de años. Algunos períodos duran varias horas, mientras que otros duran apenas un segundo.

Procariotas

Las primeras formas de vida, organismos simples unicelulares, se desarrollaron hace más de 3500 millones de años.

Período geológico		Empieza	Acaba	Principales eventos
Hádico		00:00:00	01:33:55	Aparece la vida unicelular
Arcaico		01:33:55	05:28:41	La fotosíntesis empieza a las 02:45 h
Proterozoico		05:28:41	10:35:18	Los primeros eucariotas aparecen a las 06:30 h; las primeras formas de vida multicelular, a las 08:45 h
PALEOZOICO	**Cámbrico**	10:35:18	10:44:01	La explosión cámbrica se produce a las 10.30 h
	Ordovícico	10:44:01	10:50:31	Moluscos y artrópodos dominan los mares
	Silúrico	10:50:31	10:54:22	Aparecen las primeras plantas terrestres
	Devónico	10:54:22	11:03:49	Era de los peces óseos
	Carbonífero	11:03:49	11:13:12	Se forman grandes depósitos de carbón de origen palustre; anfibios e insectos invaden la tierra firme
	Pérmico	11:13:12	11:20:34	Aparecen los reptiles
MESOZOICO	**Triásico**	11:20:34	11:28:30	Primeros dinosaurios
	Jurásico	11:28:30	11:37:18	Predominio de los dinosaurios
	Cretácico	11:37:18	11:49:40	Extinción de los dinosaurios
CENOZOICO	**Paleoceno**	11:49:40	11:51:14	Empieza el dominio de los mamíferos
	Eoceno	11:51:14	11:54:42	Clima cálido y húmedo; surgen las familias de mamíferos modernos
	Oligoceno	11:54:42	11:56:24	Clima frío y seco; los continentes se acercan entre ellos
	Mioceno	11:56:24	11:59:10	Aparecen los homínidos (primeros ancestros humanos)
	Plioceno	11:59:10	11:59:36	La temperatura (en la Tierra) se enfría
	Pleistoceno	11:59:36	11:59:49	Grandes glaciaciones
	Holoceno	11:59:49	12:00:00	Aparecen los humanos modernos

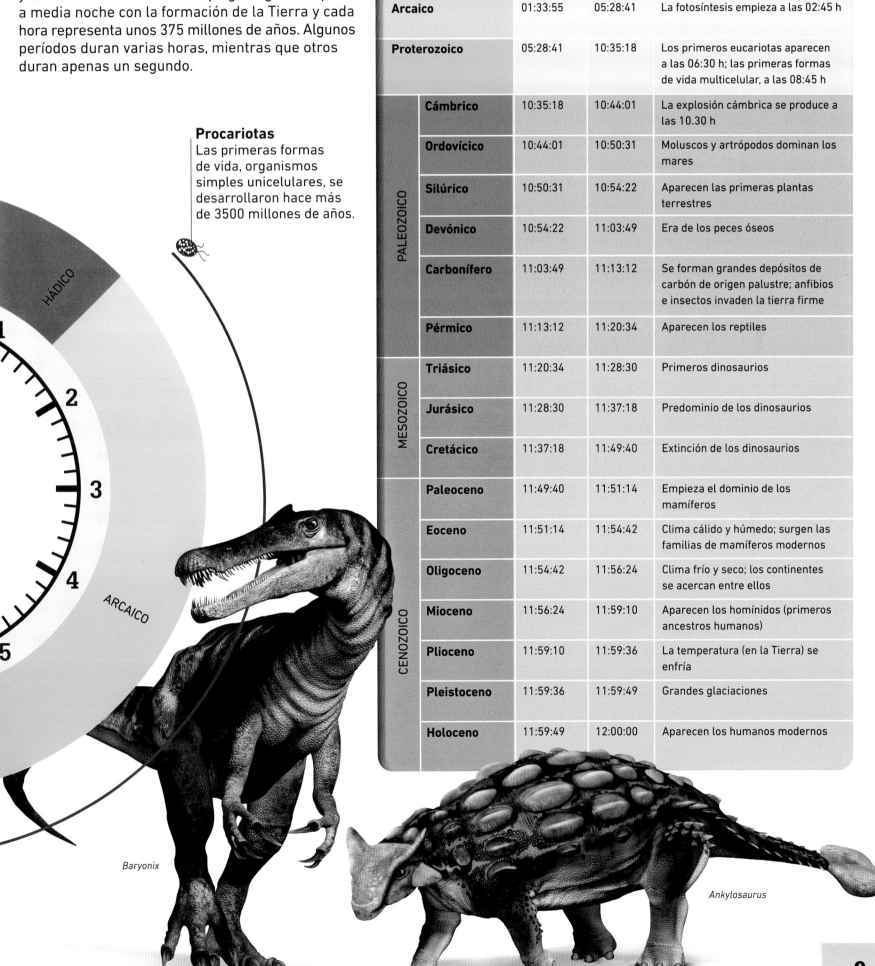

HÁDICO

ARCAICO

Baryonix

Ankylosaurus

9

Comienza la vida

El origen de la vida está rodeado de un halo de misterio. Las pruebas sugieren que se desarrolló unos 500 millones de años después de la creación de la Tierra.

HITOS DE LA VIDA

La vida se desarrolló de un modo gradual, en distintas fases, a medida que las moléculas fueron uniéndose y desarrollando una estructura y la capacidad de reproducirse. Según muchos científicos, la vida se inició en el fondo de los océanos, en respiraderos cercanos a volcanes que emitían agua caliente y rica en sustancias químicas.

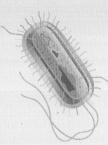

Aparición de la vida
Hace 4000 millones de años, durante el Hádico, aparecieron las primeras formas de vida, los organismos unicelulares llamados procariotas.

Energía del Sol
Hace unos 3500 millones de años, durante el Arcaico, los organismos primitivos empezaron a producir energía a partir de la luz del Sol: el proceso que conocemos como fotosíntesis.

Eucariotas
Los eucariotas, organismos unicelulares complejos, se desarrollaron hace más de 2000 millones de años, durante el Proterozoico.

Vida multicelular
Hace unos 1700 millones de años, en el Proterozoico, algunos eucariotas se transformaron en organismos multicelulares. Son los antepasados de las plantas y los animales.

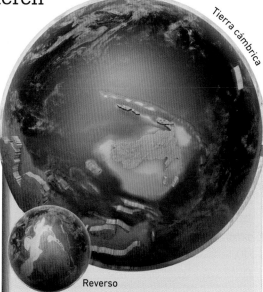

Tierra cámbrica

Reverso

PERÍODO CÁMBRICO (hace 541-485 MA)

La explosión cámbrica tuvo lugar hace 541 millones de años y hace referencia a la gran diversificación de la vida, que dio lugar a la mayoría de los animales modernos. Estos empezaron a desarrollar nuevos hábitos, como nadar en los mares primitivos. También aparecieron rasgos como los ojos.

PLANETA TIERRA
Un supercontinente, llamado Pannotia, se estaba dividiendo en placas más pequeñas. El nivel fluctuante del mar provocó una sucesión de glaciaciones.

FORMAS DE VIDA
Animales: Muchos animales invertebrados que moraban en los océanos prosperaron, entre ellos los artrópodos y los moluscos.
Plantas: Aún no habían aparecido.

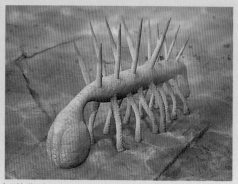

La *Hallucigenia* ya se ha extinguido.

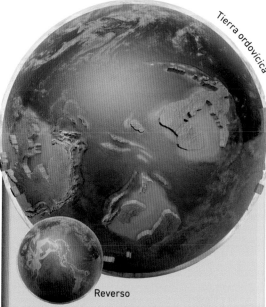

Tierra ordovícica

Reverso

PERÍODO ORDOVÍCICO (hace 485-443 MA)

Artrópodos y moluscos siguieron desarrollándose y aparecieron nuevos tipos de peces. A finales de este período, una extinción masiva, causada posiblemente por la bajada de las temperaturas, acabó con muchos hábitats marinos.

Tierra silúrica

Reverso

PERÍODO SILÚRICO (hace 443-419 MA)

Tras la extinción, los peces siguieron diversificándose, compartiendo hábitat con escorpiones marinos gigantes. En tierra firme, las plantas primitivas desarrollaron un tejido capaz de transportar agua y empezaron a colonizar zonas adyacentes a lagos y ríos.

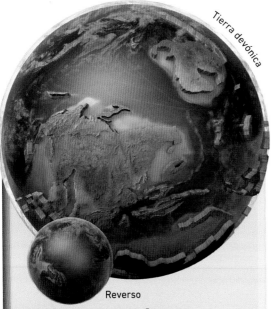

Reverso

PERÍODO DEVÓNICO (hace 419-358 MA)

Durante el Devónico tuvo lugar la era de los peces, en que surgieron peces de muchas formas y tamaños. Los grandes placodermos, con caparazón y mandíbulas que podían triturar huesos, eran los principales depredadores. Pero desaparecieron hacia el final del período.

PLANETA TIERRA

El supercontinente Gondwana cubría la mayor parte del hemisferio sur y estaba empezando a colisionar con el continente Euroamérica. Fue el inicio de la creación del supercontinente Pangea.

FORMAS DE VIDA

Animales: Los primeros insectos exploran la tierra firme. Peces como el *Tiktaalik* desarrollan rasgos vistos en animales semiacuáticos de cuatro patas posteriores como el *Acanthostega*.

Tiktaalik

Plantas: Bosques musgosos y plantas con raíces primitivas empiezan a arraigar en tierra firme. A finales del Devónico han aparecido los árboles más antiguos que se conocen.

Reproducción de *Archaeopteris*, unos árboles extintos.

Reverso

PERÍODO CARBONÍFERO (hace 358-298 MA)

La vida llega a tierra firme. Surgen bosques frondosos llenos de vida. Crecieron tan rápido que millones de toneladas de sus restos quedaron enterrados, formando el carbón que usamos hoy. Los insectos se hicieron más grandes gracias al alto nivel de oxígeno del aire.

PLANETA TIERRA

Pangea ya se había formado, salvo por los subcontinentes asiáticos que seguían colisionando para formar la gran masa continental. En el sur, y a finales del período, se extendieron capas de hielo por distintos lugares.

FORMAS DE VIDA

Animales: Los tiburones prosperaron en los océanos. Los artrópodos gigantes, algunos de hasta 2 m de largo, patrullaban por tierra firme. Los anfibios,

Amphibamus

como el *Amphibamus*, eran diversos y comunes. Se desarrollaron los primeros reptiles, que se parecían mucho a los lagartos actuales. Los reptiles siguieron diversificándose durante todo el período.

Plantas: Grandes bosques, algunos con plantas de hasta 30 m, cubrían grandes extensiones del Pangea carbonífero.

Los bosques carboníferos se parecían a este manglar.

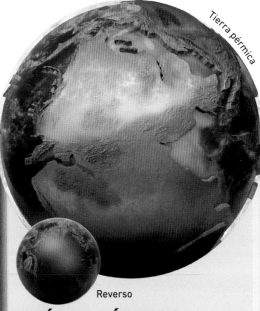

Reverso

PERÍODO PÉRMICO (hace 298-252 MA)

Los bosques tropicales del Carbonífero desaparecieron a finales del período anterior dejando vastas extensiones desérticas. Los anfibios disminuyeron por las condiciones extremas, y los reptiles aumentaron, pues se adaptaban mejor a la aridez del entorno.

PLANETA TIERRA

Los continentes habían colisionado formando Pangea. Este período heredó una glaciación del Carbonífero, pero poco a poco se volvió más cálido y seco.

FORMAS DE VIDA

Animales: Los reptiles y los sinápsidos (derecha) dominaban la mayor parte de la cadena alimenticia. Incluían grandes herbívoros y carnívoros. Estos se vieron muy afectados por la extinción de finales del período, causada probablemente por la emisión de gases volcánicos.

Plantas: Las plantas que producían semillas, como las coníferas y las cícadas, constituían la mayor parte de la vida vegetal.

Lystrosaurus

Ilustración de la extinción del Pérmico.

El mundo Triásico

Hace 252-201 millones de años

Durante la mayor parte del Triásico, la vida en la Tierra seguía recuperándose de la devastadora extinción masiva de finales del Pérmico. Los primeros dinosaurios no aparecieron hasta finales del Triásico y lo hicieron en un vasto supercontinente llamado Pangea.

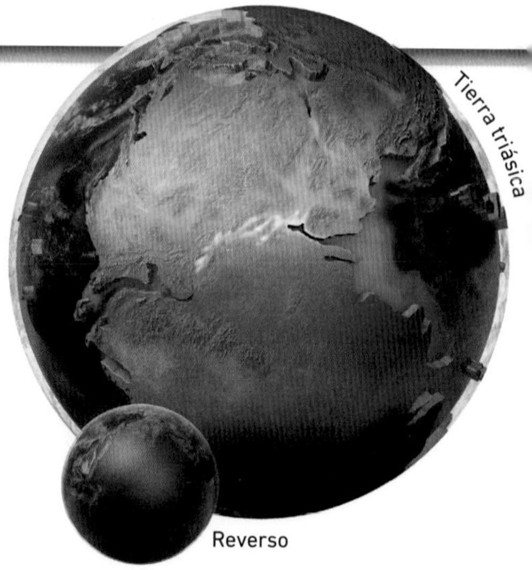

Tierra triásica

Reverso

Planeta Tierra

Se formó un único continente muy grande llamado Pangea, que empezó a dividirse a finales del Triásico.

Largo alcance

El *Plateosaurus* contaba con un largo cuello que le permitía alcanzar plantas altas que cortaba con sus dientes posteriores.

Luchas entre dinosaurios

En este dibujo de finales del Triásico, un grupo de crías hambrientas de *liliensternus* intentan derribar a un *Plateosaurus* mucho más grande. A pesar de ser más numerosas, era una apuesta arriesgada.

Entorno

La forma del continente influyó en el clima global, haciendo que la vida en el Triásico fuera muy distinta a la actual.

CLIMA
En el Triásico, la temperatura media era de unos 17 °C y en el interior de Pangea apenas llovía. Pero gracias a los océanos, la vida en la costa era más fría y húmeda.

Helecho

PLANTAS
Muchas plantas tardaron mucho en recuperarse de la extinción masiva del Pérmico, pero los helechos, los ginkgos y las coníferas sobrevivieron. Las plantas con flores aún no existían.

Animales

Sin competidores, los supervivientes de la extinción masiva prosperaron durante algún tiempo. Pero empezaron a surgir nuevos grupos de animales. Algunos dominarían la Tierra millones de años.

INVERTEBRADOS
En el Triásico surgió una gran variedad de insectos, como las cucarachas, las moscas y varias especies acuáticas. En el mar, empezaron a surgir corales pétreos modernos.

Cucaracha fosilizada

PRIMEROS DINOSAURIOS
Hace unos 235 millones de años aparecieron los primeros dinosaurios. Eran pequeñas criaturas carnívoras que se desplazaban sobre dos patas.

OTROS REPTILES TERRESTRES
Al final de la cadena alimenticia estaban los antepasados de los cocodrilos y los alligators modernos. Empezaron a desarrollarse las tortugas y los pterosaurios se adueñaron de los cielos.

Mixosaurus, un pequeño *ichthyosaurus*

REPTILES MARINOS
Se desarrollaron una gran variedad de reptiles marinos, entre ellos los *ichthyosaurus*, los *nothosaurus*, los placodontos y los plesiosaurios. Algunos, como los *nothosaurus* y los placodontos, desaparecieron a finales del Triásico; otros siguieron prosperando en los mares mesozoicos.

Las tortugas *Proganochelys* son del Triásico

Herbívoros más pesados
Los primeros dinosaurios herbívoros, como este *Plateosaurus*, pertenecían a un grupo llamado sauropodomorfos. Se desplazaban sobre dos patas.

Depredadores más grandes
A finales del Triásico empezaron a desarrollarse terópodos más grandes, de hasta 5 m de largo, como el *liliensternus*. Eran capaces de atacar a grandes presas.

El mundo Jurásico

Hace 201-145 millones de años

Cuando el supercontinente Pangea se dividió en dos grandes masas continentales –Laurasia y Gondwana– cambiaron tanto el clima como la vida en la Tierra. Al haber más litoral, y por tanto mayor humedad y unas condiciones más cálidas, las plantas pudieron propagarse rápidamente y surgieron nuevas especies. Los dinosaurios eran los dueños en tierra firme y aumentaron de tamaño.

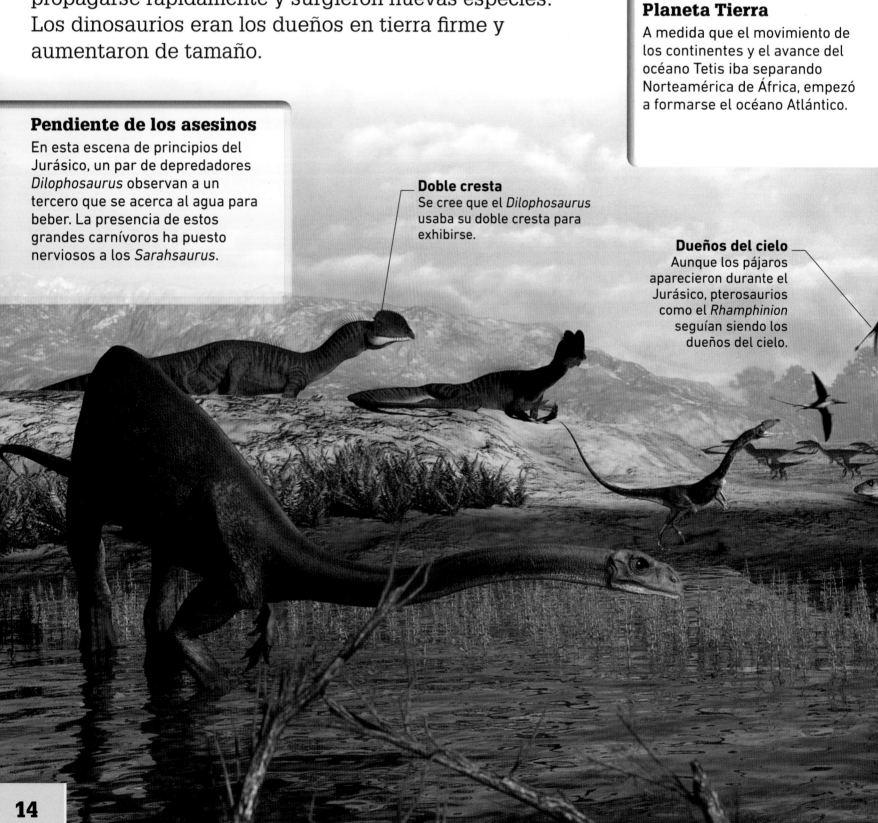

Tierra jurásica

Reverso

Planeta Tierra
A medida que el movimiento de los continentes y el avance del océano Tetis iba separando Norteamérica de África, empezó a formarse el océano Atlántico.

Pendiente de los asesinos
En esta escena de principios del Jurásico, un par de depredadores *Dilophosaurus* observan a un tercero que se acerca al agua para beber. La presencia de estos grandes carnívoros ha puesto nerviosos a los *Sarahsaurus*.

Doble cresta
Se cree que el *Dilophosaurus* usaba su doble cresta para exhibirse.

Dueños del cielo
Aunque los pájaros aparecieron durante el Jurásico, pterosaurios como el *Rhamphinion* seguían siendo los dueños del cielo.

Entorno

Los dinosaurios prosperaron gracias a la extinción masiva de final del Triásico, mientras que el aumento de litoral modificó el clima.

CLIMA
Con un clima templado de 16,5 °C de media no había mantos de hielo en los polos. El aumento de litoral hizo que hubiera más humedad en el aire, que se precipitaba en forma de lluvia creando hábitats húmedos perfectos para las plantas, que a su vez aumentaban los niveles de oxígeno en el aire.

PLANTAS
Todavía no había plantas con flores, sino que predominaban los bosques de coníferas, ginkgos, helechos y cícadas. Constituían el sustento de los grandes dinosaurios herbívoros.

Cícada

Animales

Con la extinción de muchos reptiles triásicos, los dinosaurios se impusieron, introduciendo nuevos hábitos. El número de especies de dinosaurios de todo tipo creció rápidamente.

ANIMALES MARINOS
Invertebrados como los amonites y los belemnites, antepasados de los pulpos y los calamares actuales, proliferaron en los cálidos mares del Jurásico.

INVERTEBRADOS TERRESTRES
Los insectos prosperaron en los bosques; los más pequeños sobrevivieron a los nuevos depredadores —los pájaros— mejor que los de mayor tamaño.

DINOSAURIOS GIGANTES
Los estegosaurios y los grandes terópodos pesaban varias toneladas, pero fueron los saurópodos los que se volvieron realmente enormes.

REPTILES MARINOS
Los *ichthyosaurus*, los *plesiosaurus* y los antepasados de los cocodrilos, como los *dakosaurus*, cazaban en los océanos.

Dakosaurus

ANIMALES TERRESTRES
Los primeros pájaros aparecieron durante el Jurásico, a partir de una rama de terópodos. Los lagartos se escabullían por entre la maleza. También aparecieron los primeros antepasados de los mamíferos, pero todavía permanecerían a la sombra de los dinosaurios durante mucho tiempo.

Cylindrotheuthis

Reliquia del Triásico
El pequeño *Coleophysis*, uno de los primeros terópodos, puede que sobreviviera hasta el Jurásico.

Sinápsidos
En el Jurásico vivieron unos pequeños animales llamados sinápsidos. Son los antepasados de los mamíferos modernos.

15

El mundo Cretácico

Hace 145-66 millones de años

A finales del Cretácico, las grandes masas continentales se habían dividido en los continentes que conocemos hoy. Los enormes dinosaurios siguieron siendo los dueños en tierra firme, pero surgieron nuevas especies de mamíferos y pájaros. Sin embargo, un asteroide de 14 km de ancho chocó con la Tierra poniendo fin a este período con una extinción masiva que aniquiló al 75 % de las especies.

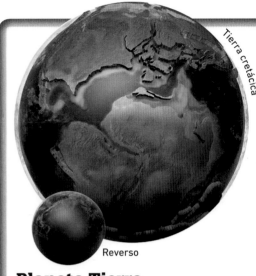

Tierra cretácica

Reverso

Planeta Tierra

Durante el Cretácico, el océano Atlántico siguió creciendo alejando Norteamérica de África, y Gondwana se dividió en Sudamérica, la India y la Antártida.

Lagarto tirano
A finales del Cretácico, tiranosaurios como el *Lythronax* eran los principales carnívoros del hemisferio norte.

Entorno

La fragmentación continental y el aumento del nivel del mar crearon gran variedad de entornos nuevos, lo que aceleró la aparición de nuevas especies.

°C
50
40
30
20
10
0
-10

CLIMA
Las bajas temperaturas de finales del Jurásico siguieron durante el Cretácico, pero no tardaron en volver a subir. El clima fue templado la mayor parte del resto del período, quizá debido al aumento de la actividad volcánica. La temperatura media era de 18 °C.

PLANTAS
Surgieron las plantas con flores, que se propagaron rápidamente. También lo hicieron las praderas, aunque no estaban tan extendidas como hoy. Otras plantas del Mesozoico, como las coníferas y los helechos, siguieron prosperando.

Flor

Animales

La vida animal se diversificó gracias a la aparición de nuevos hábitats y fuentes de alimento. La existencia de continentes aisló a unos animales de otros. A medida que aprendían a sobrevivir en distintos hábitats, fueron surgiendo nuevas especies.

Tomaka

INVERTEBRADOS TERRESTRES
Con la aparición de las flores, las abejas y otros insectos polinizadores evolucionaron para alimentarse del néctar.

MAMÍFEROS
Los antepasados de los mamíferos modernos empezaron a adoptar hábitos distintos, como comer carne y buscar alimento en el agua.

DINOSAURIOS
Seguían dominando en tierra firme con depredadores gigantes, entre ellos terópodos como el *Dakotaraptor*, e incluso algunos herbívoros más grandes. Los pájaros se diversificaron.

VIDA MARINA
Formas modernas de vida marina, como los tiburones y los peces óseos, eran comunes y algunos alcanzaron tamaños enormes. Los *Ichthyosaurus* se extinguieron a finales del Cretácico y fueron reemplazados por los mosasaurios.

Iberomesornis

Máquinas trituradoras
Los hadrosáuridos desarrollaron varias filas de apretados dientes llamadas baterías dentales, con las que trituraban la vegetación.

Hábitat acuático

Los hadrosáuridos *Adelolophus* y *Acristavus* vigilan al tiranosaurio *Lythronax*. Dos diablocerátops siguen peleándose, sin darse cuenta de que ha llegado el depredador. Se han encontrado fósiles de estos dinosaurios cretácicos, de hace 82-79 millones de años, en la formación Wahweap de Norteamérica.

¿Qué es un dinosaurio?

Los dinosaurios evolucionaron a partir de pequeños reptiles hace unos 235 millones de años. Este árbol genealógico muestra sus distintos grupos a partir de la forma y estructura de los huesos del cráneo, cuello, brazos, caderas y tobillos. Dicha estructura podría variar, pues continúan haciéndose descubrimientos.

Saurisquios

Se conocen como dinosaurios con «cadera de lagarto», aunque no todos tenían las caderas como las de los lagartos. Los huesos de su cuello eran largos y solían tener grandes garras.

Coelophysis

Primeros antepasados

Los dinosaurios pertenecen a un grupo más amplio de reptiles llamados dinosauriformes, que incluye a sus parientes más cercanos. Aparecieron hace 245 millones de años, pero no tienen todas las características de los dinosaurios.

Primo de los dinosaurios
El *Marasuchus* era un pequeño reptil del Triásico que estaba relacionado con los dinosaurios y se parecía a ellos en muchos aspectos, pero no era un antepasado directo.

Psittacosaurus

Ornitisquios

El hueso de la cadera de estos dinosaurios con «cadera de pájaro» apuntaba hacia atrás, de un modo parecido al de los pájaros. Tenían un hueso adicional, el predentario, en la mandíbula inferior.

¿Qué *no* es un dinosaurio?

El mundo mesozoico estaba lleno de increíbles reptiles que se desarrollaron tanto en la tierra como en el mar, pero no todos eran dinosaurios. Entre estas otras criaturas, que a menudo se confunden con los dinosaurios, están los reptiles marinos, los cocodrilos y sus parientes, y los pterosaurios voladores.

Animal que vive en el océano
Este ictiosaurio del final del Jurásico era un nadador rápido y se alimentaba de peces y de calamares.

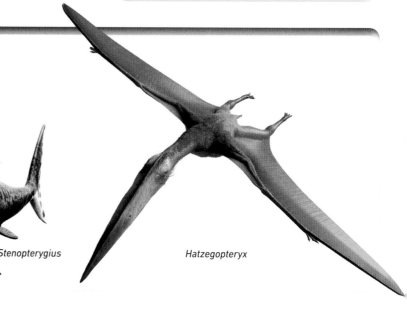

Stenopterygius

Hatzegopteryx

Terópodos

Estos dinosaurios, que con el tiempo darían origen a los pájaros, eran bípedos: caminaban sobre dos patas. Muchos eran depredadores, pero algunos comían plantas.

Tyrannosaurus

Sauropodomorfos

Las primeras especies eran bípedas, pero la mayoría de sus miembros andaban a cuatro patas. Tenían una cola y un cuello largos muy característicos. Algunos se hicieron gigantescos.

Diplodocus

Pachycephalosaurus

Estos bípedos herbívoros tenían una cabeza preparada para el combate, con el cráneo aplastado o prominente de hasta 25 cm de grosor. Le protegía el cerebro de los golpes fuertes.

Pachycephalosaurus

Ceratopsianos

Con uno de los cráneos más grandes, estos dinosaurios con cuerno incluían desde pequeños bípedos hasta cuadrúpedos de varias toneladas.

Triceratops

Ornitópodos

Algunos de estos enormes herbívoros tenían una llamativa cresta para exhibirse y cientos de dientes para triturar las plantas.

Corythosaurus

Estegosaurios

Estos enormes herbívoros, que presentaban placas y espinas a lo largo de la espalda y de la cola, y a veces también sobresaliendo de los hombros, eran excelentes defensores.

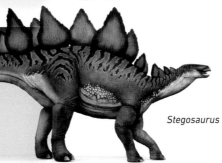

Stegosaurus

Anquilosaurios

Este herbívoro se defendía de los depredadores con su voluminoso cuerpo, sus placas y pinchos, y su cola en forma de porra.

Ankylosaurus

Cerapoda

Thyreophorans

Caminar erguido

Muchos desarrollaron extremidades que les permitían soportar el peso de su cuerpo y caminar erguidos.

Las extremidades separadas de los lagartos no pueden soportar su peso, por lo que apoyan el estómago en el suelo.

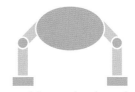

Los cocodrilos pueden elevar el cuerpo con las patas estiradas, pero para ello tienen que hacer un gran esfuerzo.

Todos los dinosaurios se mantenían erguidos sobre sus patas estiradas y tenían los tobillos articulados, por lo que les costaba menos andar.

AMÉRICA DEL NORTE

Juego sucio
Dos *Allosaurus* derriban a un imponente *Diplodocus*. Junto a algunos de los animales más grandes y feroces que hayan existido, deambulaban por el continente llamado Norteamérica.

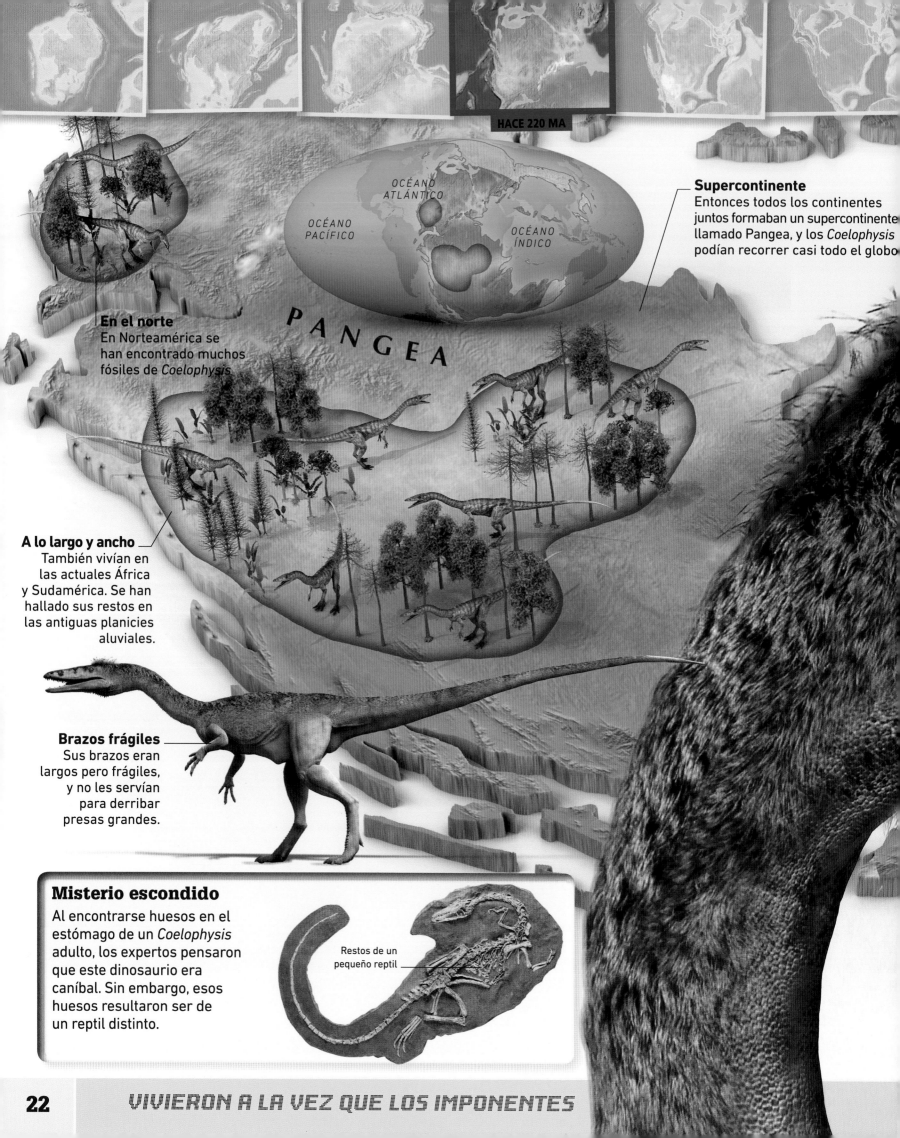

OCÉANO
ATLÁNTICO

OCÉANO
PACÍFICO

OCÉANO
ÍNDICO

P A N G E A

Supercontinente
Entonces todos los continentes juntos formaban un supercontinente llamado Pangea, y los *Coelophysis* podían recorrer casi todo el globo.

En el norte
En Norteamérica se han encontrado muchos fósiles de *Coelophysis*

A lo largo y ancho
También vivían en las actuales África y Sudamérica. Se han hallado sus restos en las antiguas planicies aluviales.

Brazos frágiles
Sus brazos eran largos pero frágiles, y no les servían para derribar presas grandes.

Misterio escondido
Al encontrarse huesos en el estómago de un *Coelophysis* adulto, los expertos pensaron que este dinosaurio era caníbal. Sin embargo, esos huesos resultaron ser de un reptil distinto.

Restos de un pequeño reptil

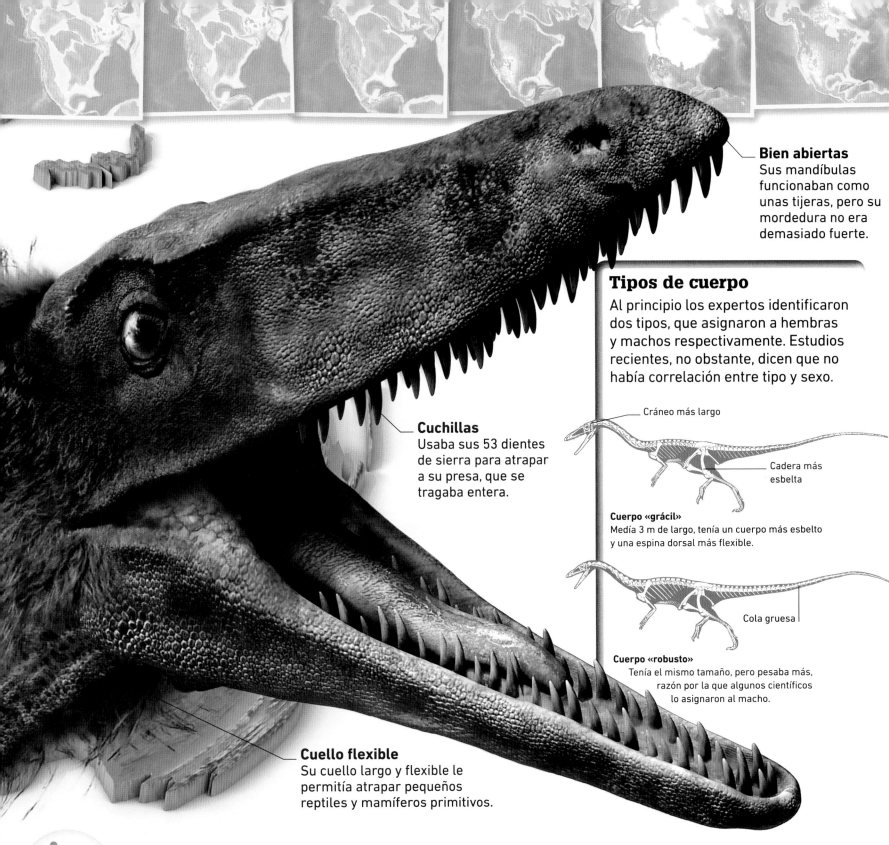

Bien abiertas
Sus mandíbulas funcionaban como unas tijeras, pero su mordedura no era demasiado fuerte.

Tipos de cuerpo

Al principio los expertos identificaron dos tipos, que asignaron a hembras y machos respectivamente. Estudios recientes, no obstante, dicen que no había correlación entre tipo y sexo.

Cráneo más largo

Cadera más esbelta

Cuerpo «grácil»
Medía 3 m de largo, tenía un cuerpo más esbelto y una espina dorsal más flexible.

Cola gruesa

Cuerpo «robusto»
Tenía el mismo tamaño, pero pesaba más, razón por la que algunos científicos lo asignaron al macho.

Cuchillas
Usaba sus 53 dientes de sierra para atrapar a su presa, que se tragaba entera.

Cuello flexible
Su cuello largo y flexible le permitía atrapar pequeños reptiles y mamíferos primitivos.

Coelophysis

Se han hallado fósiles de *Coelophysis* en los actuales continentes de Norteamérica y África. Este dinosaurio de 2 m de largo fue uno de los primeros que deambularon por el planeta, ya que vivió hace 220-190 millones de años. Se han encontrado más de mil especímenes, entre ellos restos de crías.

Cazador ágil
Era el típico terópodo: andaba sobre dos patas, tenía el cuello en forma de «S» y una larga cola para mantener el equilibrio. Su vista era excelente, por lo que seguramente cazaba presas pequeñas y ágiles.

EUROPA

AMÉRICA DEL NORTE

OCÉANO PACÍFICO

OCÉANO ATLÁNTICO

OCÉANO ÍNDICO

Bosque abierto
La mayoría de los dinosaurios, incluidos los estegosaurios, vivían cerca de los ríos y en zonas con grandes árboles.

Cuello acorazado
Unas placas óseas protegían su cuello.

Tierra árida
Las regiones meridionales de Norteamérica no le ofrecían comida suficiente a causa de su clima árido.

Cola flexible
Probablemente usaba las espinas de casi 1 m de largo de su flexible cola para ahuyentar a los depredadores.

Estegosaurio

Fácilmente reconocible por su cola llena de espinas y las placas de su lomo, con sus 9 m de largo y 6 toneladas de peso, es uno de los dinosaurios más famosos del Jurásico. Habitó en Norteamérica y en algunas partes de Europa.

Fósiles en Portugal
En esa época, América del Norte y Europa estaban unidas por una lengua de tierra. Se han encontrado restos de estegosaurio en Portugal.

Herbívoro
El estegosaurio, que vivió hace 155-151 millones de años, es famoso por sus placas dorsales. Los científicos no tienen claro para qué las usaba. Algunos creen que eran para exhibirse, ya que estaban demasiado arriba como para usarlas para defenderse. Otros sugieren que servían para regular la temperatura corporal.

Placas decorativas
Las placas, recubiertas de queratina, eran de colores vistosos.

Falso cerebro
Othniel Charles Marsh, paleontólogo americano del siglo XIX, creía que el estegosaurio albergaba un segundo cerebro en un ensanchamiento de la médula espinal, cerca de las caderas. Eso no es cierto, y dicho espacio probablemente contenía nervios que controlaban el movimiento muscular.

Ubicación del supuesto «cerebro secundario»

Su cerebro medía más o menos como el de un perro pequeño.

Tres contra uno

Mientras pastaba bajo el sol de finales del Jurásico, un estegosaurio es acorralado por tres alosaurios. El más pequeño está en minoría, pero su cola flexible puede causar heridas mortales, así que no sabemos cuál será el desenlace.

HACE 150 MA

Cuernos
Quizá usaba los cuernos sobre sus ojos para atraer al sexo opuesto.

Dientes de sierra
Tenían más de 80 dientes, muy adecuados para cortar la carne.

Bien abierta
Los expertos no tienen claro cómo mordían a sus presas. Podía abrir la boca hasta 79⁰ y tenía un cráneo muy resistente, pero su mordedura era más bien débil. Algunos científicos creen que usaba la mandíbula superior a modo de hacha, infligiendo grandes cortes.

Actitud violenta
Las marcas de algunos fósiles muestran signos de rivalidad con dinosaurios peligrosos. Un espécimen en particular tenía una fuerte infección en el hueso de la cadera, perforado por una espina de estegosaurio.

Alosaurio

Este gran depredador, de unos 9 m de largo, era un terópodo muy común que vivía en Norteamérica y partes de Europa hace 156-144 millones de años. Con sus dientes de sierra, sus enormes garras y sus potentes piernas, este carnívoro estaba diseñado para cazar.

Imagen en 3D del cráneo de un alosaurio

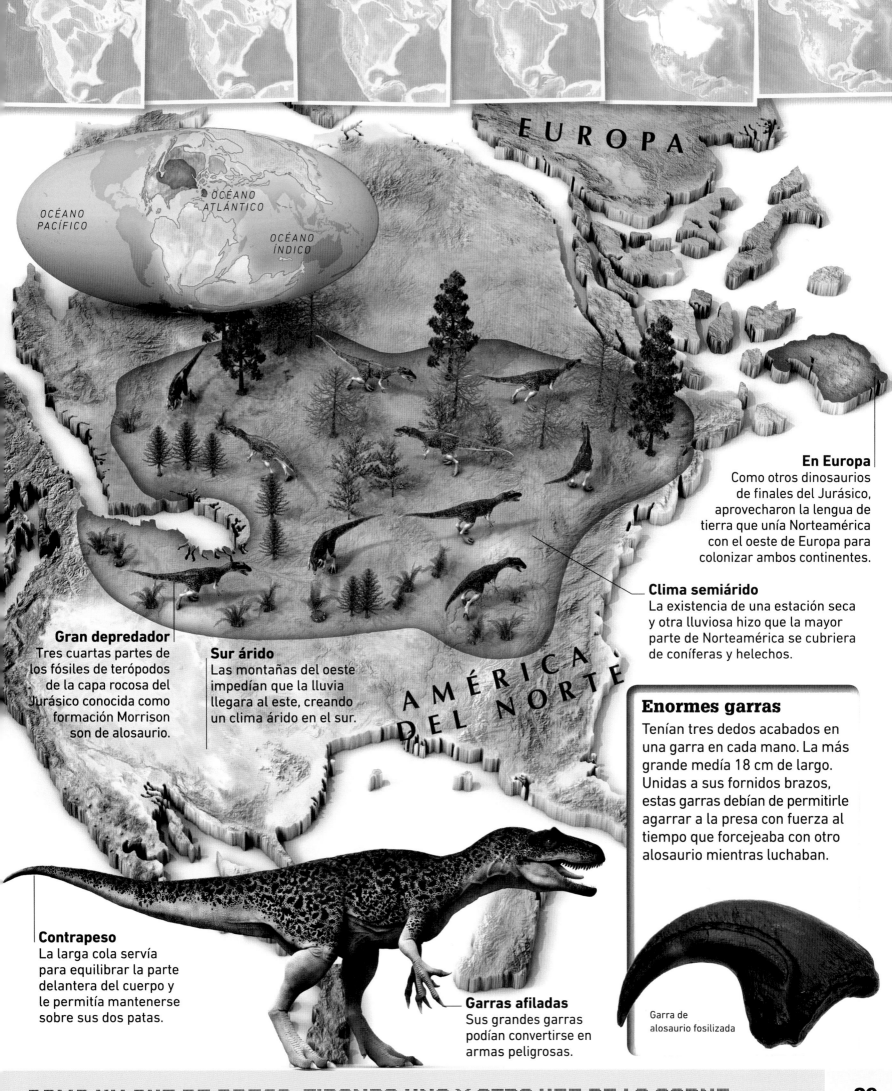

EUROPA

OCÉANO PACÍFICO

OCÉANO ATLÁNTICO

OCÉANO ÍNDICO

AMÉRICA DEL NORTE

En Europa
Como otros dinosaurios de finales del Jurásico, aprovecharon la lengua de tierra que unía Norteamérica con el oeste de Europa para colonizar ambos continentes.

Clima semiárido
La existencia de una estación seca y otra lluviosa hizo que la mayor parte de Norteamérica se cubriera de coníferas y helechos.

Gran depredador
Tres cuartas partes de los fósiles de terópodos de la capa rocosa del Jurásico conocida como formación Morrison son de alosaurio.

Sur árido
Las montañas del oeste impedían que la lluvia llegara al este, creando un clima árido en el sur.

Enormes garras
Tenían tres dedos acabados en una garra en cada mano. La más grande medía 18 cm de largo. Unidas a sus fornidos brazos, estas garras debían de permitirle agarrar a la presa con fuerza al tiempo que forcejeaba con otro alosaurio mientras luchaban.

Contrapeso
La larga cola servía para equilibrar la parte delantera del cuerpo y le permitía mantenerse sobre sus dos patas.

Garras afiladas
Sus grandes garras podían convertirse en armas peligrosas.

Garra de alosaurio fosilizada

COMO UN AVE DE PRESA, TIRANDO UNA Y OTRA VEZ DE LA CARNE.

Cuerno singular
Ceratosaurio, en griego, significa «lagarto cornudo».

Depredador de buen olfato
El análisis de su cerebro revela que este dinosaurio tenía muy buen olfato.

Placa ósea
Los osteodermos, unas placas óseas parecidas a las de los cocodrilos actuales (arriba), le cubrían la mitad del cuello, la espalda y la cola. Es posible que las usara para exhibirse.

AMÉRICA DEL NORTE

Dientes afilados
Este feroz cazador de dientes afilados se movía por Norteamérica hace unos 150-144 millones de años. En proporción, sus dientes eran más largos que los de otros depredadores jurásicos. Podía clavarlos con fuerza en la carne, lo que le permitía capturar herbívoros más pequeños.

Mordedura feroz
Podía morder de forma rápida y feroz.

Cola útil
Los huesos de la cola probablemente le ayudaban a nadar.

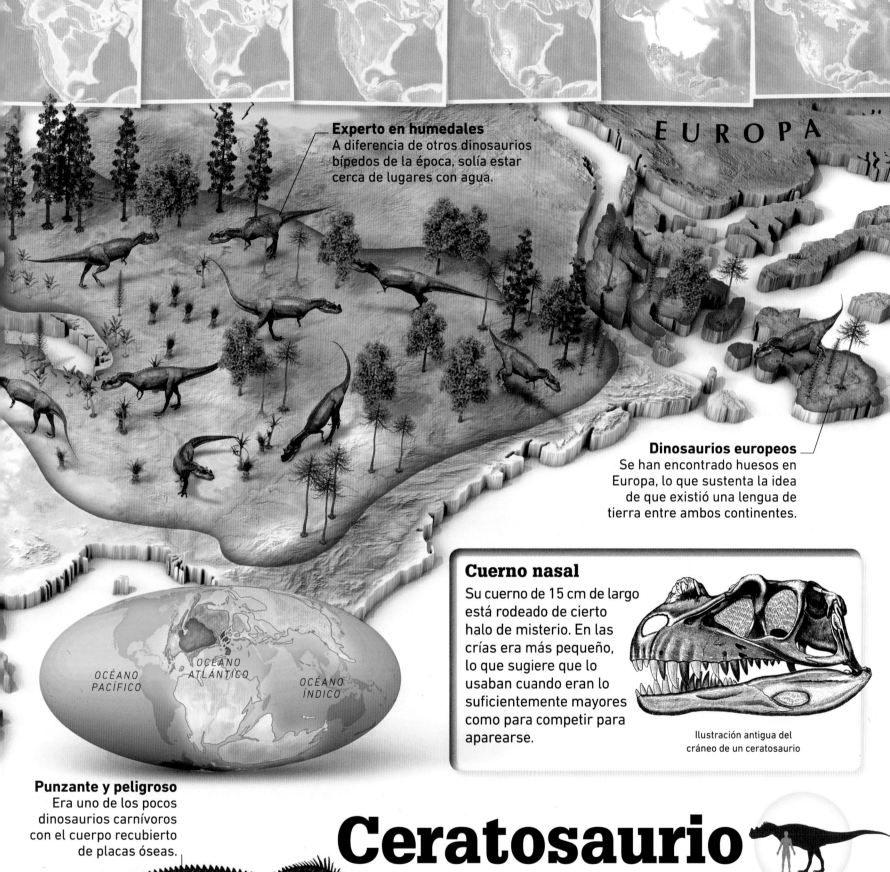

Experto en humedales
A diferencia de otros dinosaurios bípedos de la época, solía estar cerca de lugares con agua.

EUROPA

Dinosaurios europeos
Se han encontrado huesos en Europa, lo que sustenta la idea de que existió una lengua de tierra entre ambos continentes.

OCÉANO PACÍFICO

OCÉANO ATLÁNTICO

OCÉANO ÍNDICO

Cuerno nasal
Su cuerno de 15 cm de largo está rodeado de cierto halo de misterio. En las crías era más pequeño, lo que sugiere que lo usaban cuando eran lo suficientemente mayores como para competir para aparearse.

Ilustración antigua del cráneo de un ceratosaurio

Punzante y peligroso
Era uno de los pocos dinosaurios carnívoros con el cuerpo recubierto de placas óseas.

Ceratosaurio

Este curioso depredador del Jurásico tuvo que competir por comida y espacio con otros dinosaurios más grandes, como los alosaurios, mucho más corrientes. Medía 7 m de largo y su rasgo más distintivo eran los cuernos sobre el morro y los ojos.

Brazos pequeños
Sus brazos, demasiado pequeños para atrapar a las presas, debían de servirle para levantarse del suelo.

FUE UNO DE LOS POCOS DINOSAURIOS CARNÍVOROS CON CUERNOS.

Cabeza pequeña

En relación con su increíble tamaño, su cráneo era diminuto, unos 60 cm de largo, como el de un caballo. Eso implica que también su cerebro era pequeño. Ocupaba una cavidad del tamaño de un puño en la parte trasera del cráneo.

Cráneo de diplodoco fosilizado

Herbívoro gigante

Se caracteriza por su largo cuello y su cola en forma de látigo. Pese a su tamaño, este herbívoro pesaba relativamente poco, entre 10 y 15 toneladas.

Dientes en forma de clavija

Ingería hasta 33 kg de hojas y helechos al día. Los dientes tenían que trabajar mucho, así que se le caían y eran reemplazados por otros nuevos todos los meses.

Diplodoco

El diplodoco, que podía alcanzar 33 m de largo, era uno de los dinosaurios más largos que han existido. Este enorme herbívoro jurásico vagaba por lo que hoy conocemos como Norteamérica hace 150-145 millones de años en busca de plantas con que alimentar su voluminoso cuerpo.

UN DIPLODOCO ADULTO MEDÍA APROXIMADAMENTE LO MISMO QUE

Mar de Sundance
Esta masa de agua, que ocupaba parte de Norteamérica, se formó a partir de los ríos procedentes de las montañas cercanas. Actualmente ha desaparecido.

OCÉANO PACÍFICO

OCÉANO ÍNDICO

Flora variada
A pesar del clima seco, coníferas, ginkgos y helechos siguieron prosperando a finales del Jurásico.

Espinas dorsales
Algunos expertos creen que su cuello, espalda y cola estaban cubiertos de unas espinas duras y afiladas.

Clima árido
Las altas montañas del oeste de Norteamérica impedían que la lluvia llegara a las regiones del este, donde se impuso un clima propio de la sabana.

AMÉRICA DEL NORTE

Cuello flexible
Le permitía alcanzar mucha comida casi sin moverse, con lo que el desgaste era mínimo.

Cola espectacular
Compuesta por 80 huesos, le permitía golpear a los enemigos.

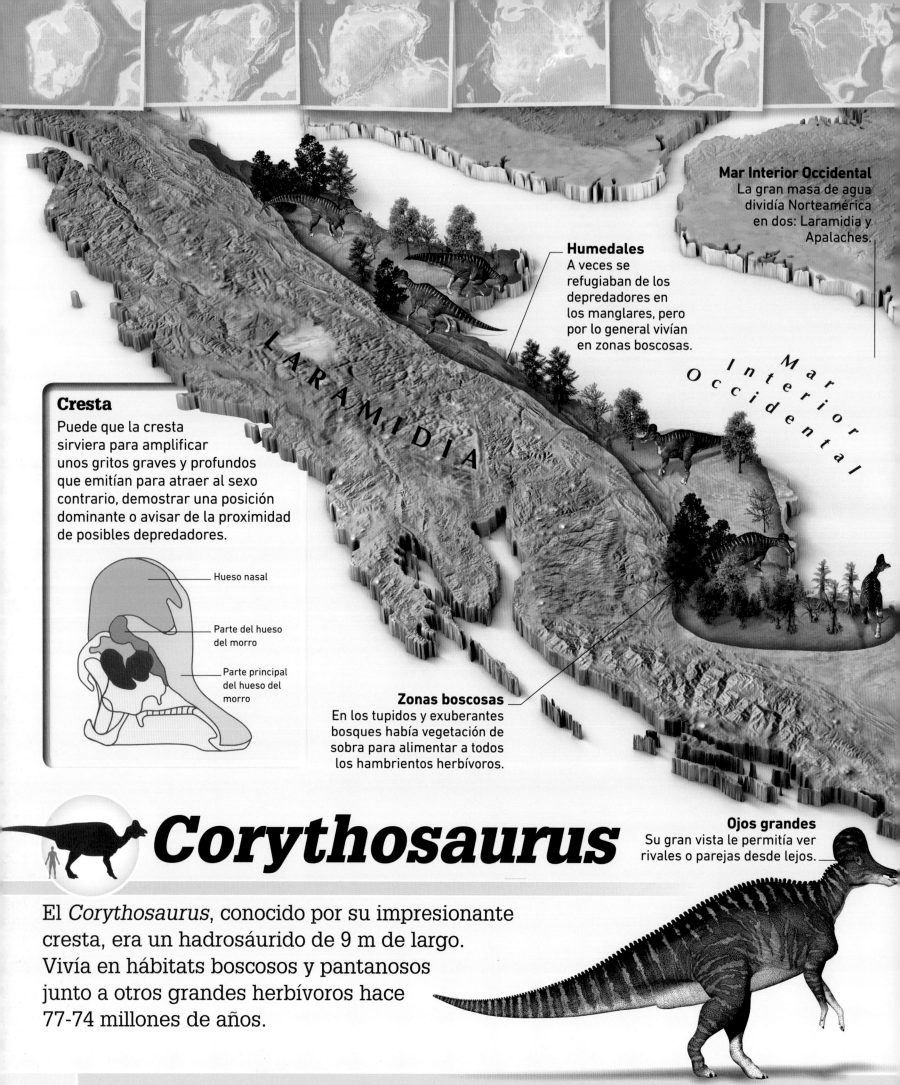

Mar Interior Occidental
La gran masa de agua dividía Norteamérica en dos: Laramidia y Apalaches.

Humedales
A veces se refugiaban de los depredadores en los manglares, pero por lo general vivían en zonas boscosas.

Cresta
Puede que la cresta sirviera para amplificar unos gritos graves y profundos que emitían para atraer al sexo contrario, demostrar una posición dominante o avisar de la proximidad de posibles depredadores.

Hueso nasal

Parte del hueso del morro

Parte principal del hueso del morro

Zonas boscosas
En los tupidos y exuberantes bosques había vegetación de sobra para alimentar a todos los hambrientos herbívoros.

Ojos grandes
Su gran vista le permitía ver rivales o parejas desde lejos.

Corythosaurus

El *Corythosaurus*, conocido por su impresionante cresta, era un hadrosáurido de 9 m de largo. Vivía en hábitats boscosos y pantanosos junto a otros grandes herbívoros hace 77-74 millones de años.

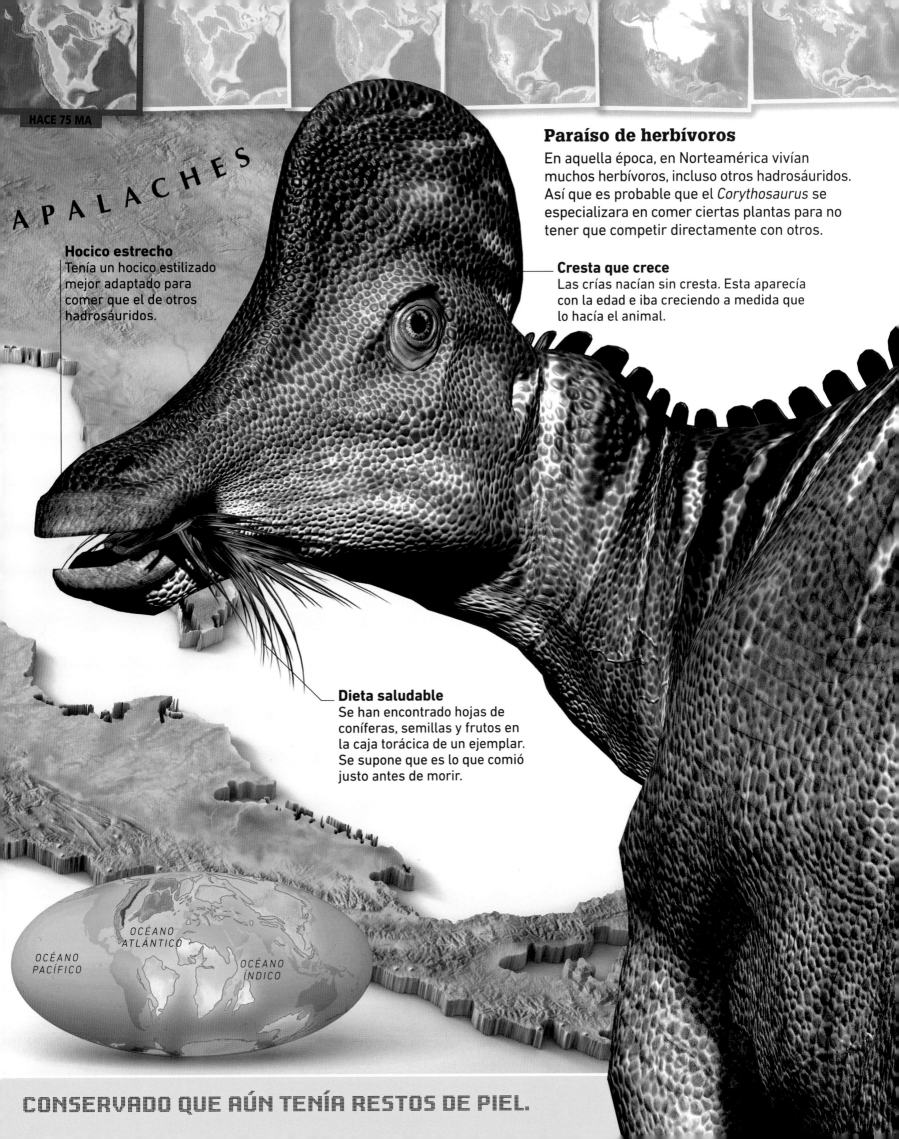

APALACHES

Hocico estrecho
Tenía un hocico estilizado mejor adaptado para comer que el de otros hadrosáuridos.

Paraíso de herbívoros
En aquella época, en Norteamérica vivían muchos herbívoros, incluso otros hadrosáuridos. Así que es probable que el *Corythosaurus* se especializara en comer ciertas plantas para no tener que competir directamente con otros.

Cresta que crece
Las crías nacían sin cresta. Esta aparecía con la edad e iba creciendo a medida que lo hacía el animal.

Dieta saludable
Se han encontrado hojas de coníferas, semillas y frutos en la caja torácica de un ejemplar. Se supone que es lo que comió justo antes de morir.

OCÉANO ATLÁNTICO
OCÉANO PACÍFICO
OCÉANO ÍNDICO

CONSERVADO QUE AÚN TENÍA RESTOS DE PIEL.

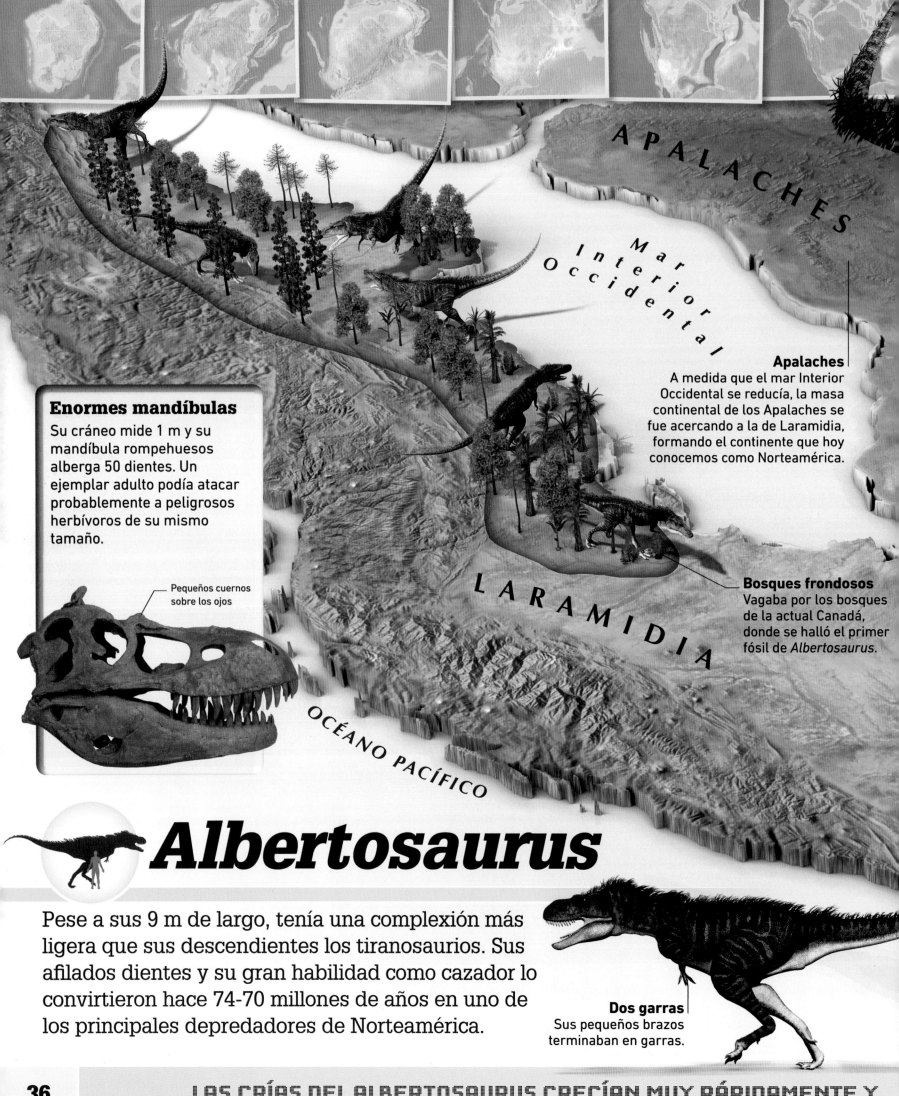

Enormes mandíbulas

Su cráneo mide 1 m y su mandíbula rompehuesos alberga 50 dientes. Un ejemplar adulto podía atacar probablemente a peligrosos herbívoros de su mismo tamaño.

Pequeños cuernos sobre los ojos

A P A L A C H E S

Mar Interior Occidental

Apalaches
A medida que el mar Interior Occidental se reducía, la masa continental de los Apalaches se fue acercando a la de Laramidia, formando el continente que hoy conocemos como Norteamérica.

Bosques frondosos
Vagaba por los bosques de la actual Canadá, donde se halló el primer fósil de *Albertosaurus*.

L A R A M I D I A

OCÉANO PACÍFICO

Albertosaurus

Pese a sus 9 m de largo, tenía una complexión más ligera que sus descendientes los tiranosaurios. Sus afilados dientes y su gran habilidad como cazador lo convirtieron hace 74-70 millones de años en uno de los principales depredadores de Norteamérica.

Dos garras
Sus pequeños brazos terminaban en garras.

Plumas inciertas
Algunos expertos dicen que ciertos tiranosaurios como los *Albertosaurus* tenían plumas.

Las heces
Los científicos han analizado sus heces fosilizadas para conocerlos mejor. Al ser carnívoros, la comida pasaba por sus intestinos muy deprisa. Algunas heces contenían huesos finamente molidos e incluso tejido muscular sin digerir.

Largas patas
Sus largas patas le permitían recorrer grandes distancias.

Espolón
El primer dedo o espolón estaba más arriba y no tocaba nunca el suelo.

Mandíbula herida
Algunos muestran agujeros en la mandíbula, probablemente a causa de una infección.

OCÉANO ATLÁNTICO

OCÉANO ÍNDICO

OCÉANO PACÍFICO

GANABAN PESO A RAZÓN DE APROXIMADAMENTE 2 KG POR SEMANA.

Cola en forma de mazo

En la punta de la cola tenía cuatro osteodermos que se unieron para formar un mazo letal. La cola de los ejemplares más grandes podía generar la fuerza suficiente como para destrozar un hueso.

Fósil de una cola en forma de mazo

Especie poco habitual

Los fósiles de esta especie son infrecuentes, lo que parece indicar que este dinosaurio debía de vivir en zonas en las que no fosilizaban bien, como las áreas elevadas lejos de los ríos.

OCÉANO ATLÁNTICO

OCÉANO PACÍFICO

OCÉANO ÍNDICO

AMÉRICA DEL NORTE

Gran caja torácica

Albergaba un largo aparato digestivo para descomponer la vegetación más dura.

Anquilosaurio

Gracias a su armadura y su enorme cola en forma de mazo, este dinosaurio de 7 m de largo era todo un maestro en el arte de la defensa. Vivió en Norteamérica hace 74-66 millones de años. Su pesado cuerpo y su bajo centro de gravedad le ayudaron a sobrevivir en un entorno dominado por el temible tiranosaurio.

LOS ANQUILOSAURIOS TENÍAN UNA LENGUA LARGA, MUSCULOSA

Duro oponente
Gracias a los osteodermos (placas óseas que le cubrían cuello, espalda y cola) podía enfrentarse a los enemigos más duros. La cabeza de este herbívoro también era increíblemente fuerte, ya que sus huesos se habían fusionado aumentando la resistencia del cráneo y protegiendo su cerebro.

Mazo combativo
Se han hallado infecciones en el mazo de varios anquilosaurios, lo que apoya la idea de que debían de usarlo para combatir.

Desecación del mar
Vivió en la orilla occidental del mar Interior Occidental, que se estaba desecando rápidamente.

Placas óseas
Cientos de placas óseas de distintos tamaños protegían su cuerpo.

Cavidad nasal
Las complejas vías respiratorias de su hocico debían de permitirle retener el agua y controlar la temperatura corporal.

Y MUY FLEXIBLE.

Rey del Oeste
Vivía en bosques y manglares, y era el rey de Norteamérica occidental. Este imponente dinosaurio atacaba y mataba prácticamente a todo aquel que se cruzaba en su camino.

AMÉRICA DEL NORTE

OCÉANO ATLÁNTICO

OCÉANO PACÍFICO

OCÉANO ÍNDICO

OCÉANO PACÍFICO

Restos mexicanos
Se han hallado posibles restos de tiranosaurio en México, aunque algunos investigadores dudan de que se trate de esta especie.

Tiranosaurio

Su inmenso cuerpo de 12 m de largo, sus poderosos músculos y su terrible reputación convierten al tiranosaurio en la especie de dinosaurio más icónica. De hecho, conocemos más de su biología que de la de muchos animales actuales.

Grandes distancias
Era demasiado pesado para correr, pero sus largas patas le permitían cubrir largas distancias fácilmente.

A SEMEJANZA DE LOS ELEFANTES ACTUALES, ERA CAPAZ DE OÍR

Gran depredador

Hace 67-66 millones de años, el tiranosaurio era el rey de Norteamérica. Pese a sus 6 toneladas, era tremendamente ágil. Podía girarse dos veces más rápido que los depredadores del Cretácico. Su gran cerebro, además, le permitía procesar rápidamente la información sobre el entorno. Era el cazador perfecto.

Rompehuesos

Fue el ser vivo terrestre que mordía más fuerte. Con sus largos dientes en forma de plátano y su formidable mandíbula podía destrozar los huesos de su presa y desmenuzar el cuerpo en trozos pequeños.

Cráneo de tiranosaurio

Vista de águila

Tenía una vista excelente, como la de las águilas actuales. Podía ver a mucha distancia, lo que le daba una gran ventaja sobre sus presas.

Águila calva

Equilibrio
Su cola rígida era un contrapeso de su pesada cabeza.

Mordisco letal
Sus afilados dientes podían atravesar la dura piel de su presa.

Garras afiladas
Sus garras puntiagudas eran muy resistentes y le permitían agarrarse bien.

Ataque en pleno día

Los tiranosaurios no eran demasiado rápidos, pero sus prominentes ojos y su cerebro relativamente grande les permitían llevar a cabo emboscadas. Aquí, el depredador carnívoro intenta derribar al herbívoro tricerátops, que trata de escapar.

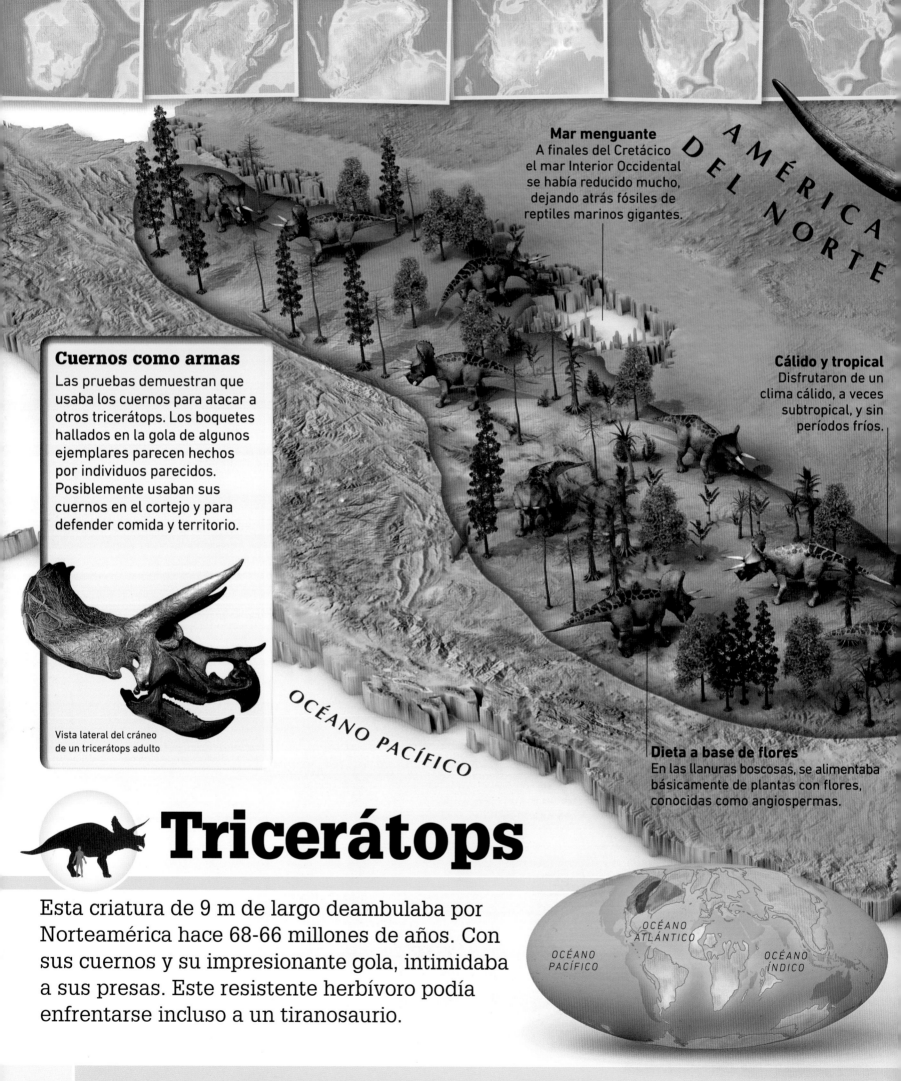

Mar menguante
A finales del Cretácico el mar Interior Occidental se había reducido mucho, dejando atrás fósiles de reptiles marinos gigantes.

Cálido y tropical
Disfrutaron de un clima cálido, a veces subtropical, y sin períodos fríos.

Cuernos como armas

Las pruebas demuestran que usaba los cuernos para atacar a otros tricerátops. Los boquetes hallados en la gola de algunos ejemplares parecen hechos por individuos parecidos. Posiblemente usaban sus cuernos en el cortejo y para defender comida y territorio.

Vista lateral del cráneo de un tricerátops adulto

OCÉANO PACÍFICO

Dieta a base de flores
En las llanuras boscosas, se alimentaba básicamente de plantas con flores, conocidas como angiospermas.

Tricerátops

Esta criatura de 9 m de largo deambulaba por Norteamérica hace 68-66 millones de años. Con sus cuernos y su impresionante gola, intimidaba a sus presas. Este resistente herbívoro podía enfrentarse incluso a un tiranosaurio.

OCÉANO ATLÁNTICO
OCÉANO PACÍFICO
OCÉANO ÍNDICO

CUANDO SE HALLARON POR PRIMERA VEZ SUS CUERNOS EN 1887,

Cuernos puntiagudos
Los cuernos de la frente podían llegar a medir 1,3 m. Eran afilados y muy resistentes.

Gola espectacular
La gola del cuello estaba formada por hueso sólido, cubierta de piel escamosa y tenía pinchos óseos.

Cambiaba con la edad

Se han encontrado muchos fósiles de tricerátops, tanto adultos como crías. Gracias a ellos los científicos han descubierto que, a medida que crecían, los cuernos cambiaban de forma, la gola se volvía tersa y el cuerno de la nariz se fusionaba con los huesos del cráneo.

Postura estable
Repartía su peso entre las cuatro patas.

Gran boca
Tenía una boca afilada parecida a la de los loros.

SE CREYÓ QUE ERAN DE UN BISONTE EXTINTO.

Corona de pinchos
Probablemente fueran para exhibirse y para defenderse.

Bóveda gruesa
Cuesta hallar fósiles de esta especie; solo suele encontrarse su gruesa bóveda.

Luchador experto
La bóveda estaba compuesta de un tipo de hueso especial que cicatrizaba rápidamente. Se han hallado fósiles con heridas, algunas de las cuales estaban empezando a cicatrizar. Eso sugiere que usaban el cráneo para luchar entre sí.

Cabeza huesuda
La parte superior del cráneo es una bóveda de unos 25 cm de grosor. El cráneo, adornado con pinchos y protuberancias, alberga un cerebro largo y delgado. Los estudios han revelado que tenía un olfato bastante bueno.

Pachycephalosaurus

Es fácil reconocer a este dinosaurio de cabeza abombada, que pesaba alrededor de media tonelada y medía 5 m de largo. Vivió hace 72-66 millones de años en lo que hoy se conoce como Norteamérica, justo antes de que los dinosaurios se extinguieran.

LOS PALEONTÓLOGOS TODAVÍA NO HAN PODIDO ENCONTRAR

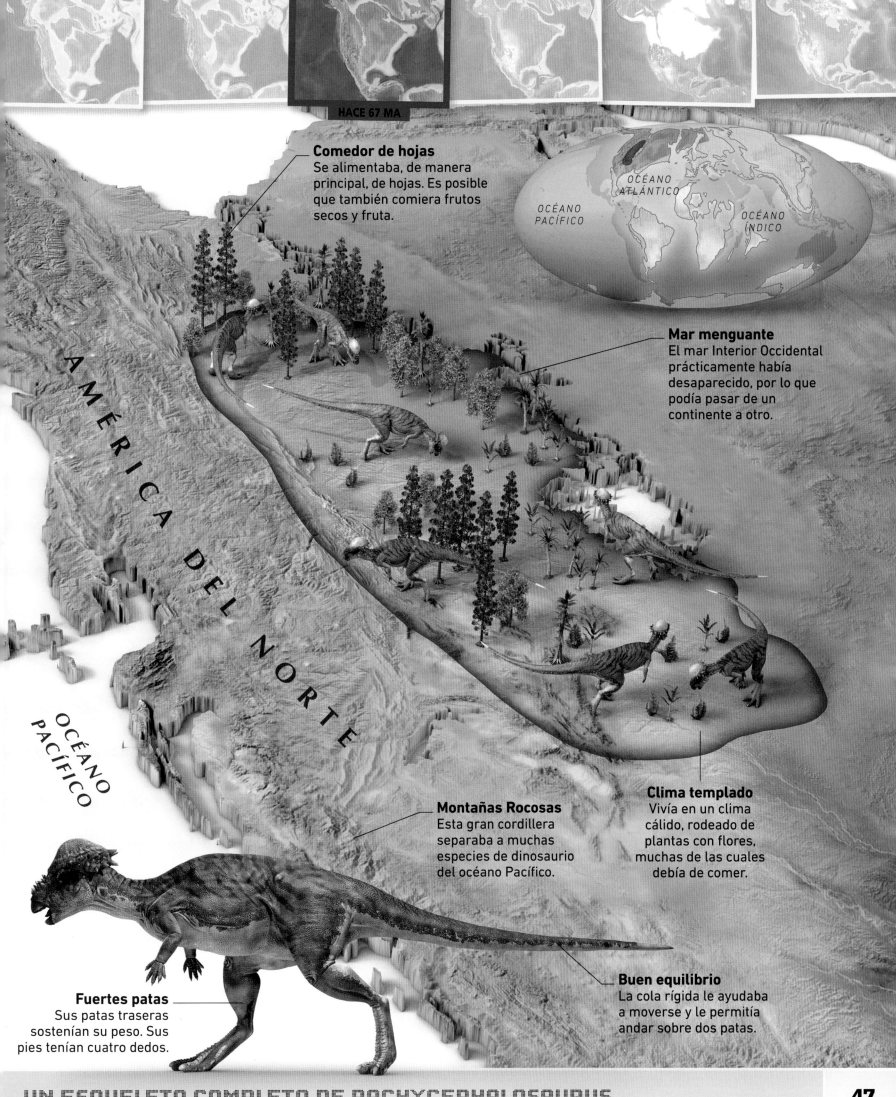

Comedor de hojas
Se alimentaba, de manera principal, de hojas. Es posible que también comiera frutos secos y fruta.

OCÉANO
ATLÁNTICO

OCÉANO
PACÍFICO

OCÉANO
ÍNDICO

Mar menguante
El mar Interior Occidental prácticamente había desaparecido, por lo que podía pasar de un continente a otro.

AMÉRICA DEL NORTE

OCÉANO
PACÍFICO

Montañas Rocosas
Esta gran cordillera separaba a muchas especies de dinosaurio del océano Pacífico.

Clima templado
Vivía en un clima cálido, rodeado de plantas con flores, muchas de las cuales debía de comer.

Fuertes patas
Sus patas traseras sostenían su peso. Sus pies tenían cuatro dedos.

Buen equilibrio
La cola rígida le ayudaba a moverse y le permitía andar sobre dos patas.

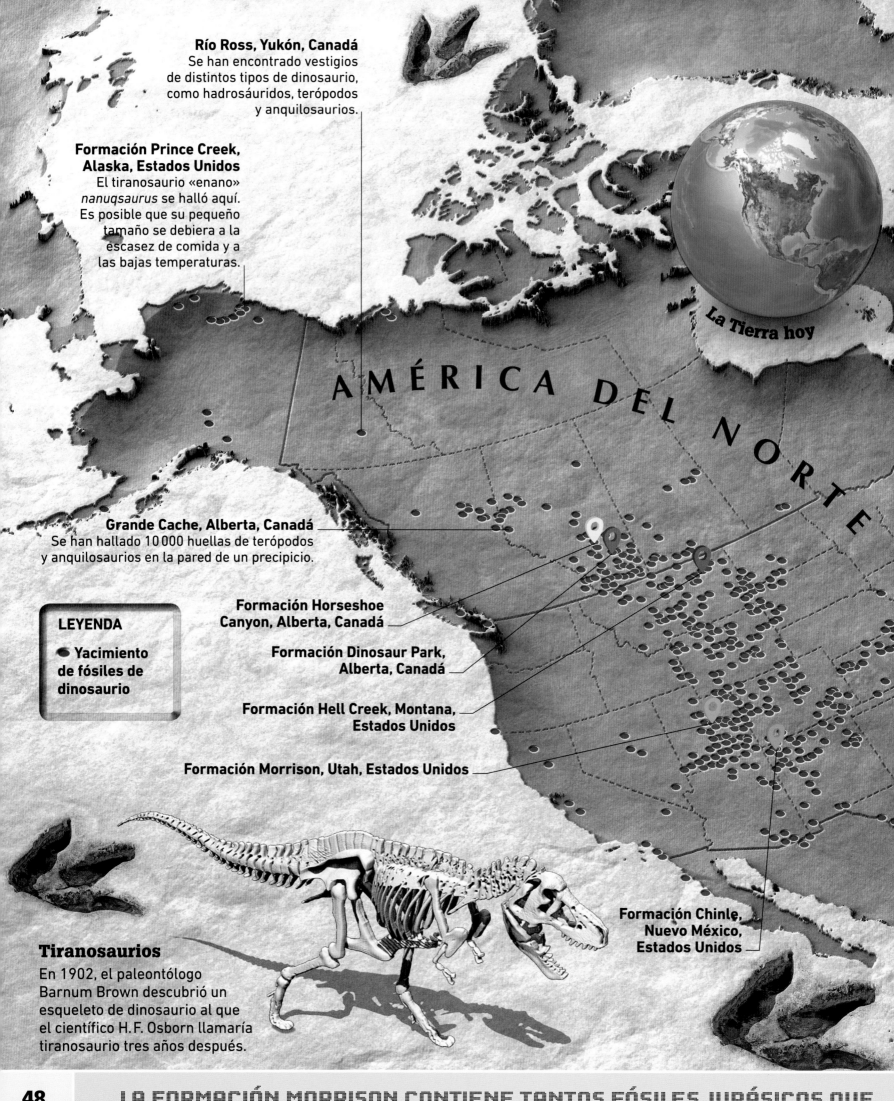

Río Ross, Yukón, Canadá
Se han encontrado vestigios de distintos tipos de dinosaurio, como hadrosáuridos, terópodos y anquilosaurios.

Formación Prince Creek, Alaska, Estados Unidos
El tiranosaurio «enano» *nanuqsaurus* se halló aquí. Es posible que su pequeño tamaño se debiera a la escasez de comida y a las bajas temperaturas.

La Tierra hoy

AMÉRICA DEL NORTE

Grande Cache, Alberta, Canadá
Se han hallado 10 000 huellas de terópodos y anquilosaurios en la pared de un precipicio.

LEYENDA

● **Yacimiento de fósiles de dinosaurio**

Formación Horseshoe Canyon, Alberta, Canadá

Formación Dinosaur Park, Alberta, Canadá

Formación Hell Creek, Montana, Estados Unidos

Formación Morrison, Utah, Estados Unidos

Formación Chinle, Nuevo México, Estados Unidos

Tiranosaurios

En 1902, el paleontólogo Barnum Brown descubrió un esqueleto de dinosaurio al que el científico H. F. Osborn llamaría tiranosaurio tres años después.

LA FORMACIÓN MORRISON CONTIENE TANTOS FÓSILES JURÁSICOS QUE

Yacimientos

Bahía de Fundy, Nueva Escocia, Canadá
Rocas de hace 200 millones de años registran la gran extinción que dejó a los dinosaurios como amos y señores de la tierra.

América del Norte ha sido siempre uno de los mejores lugares para encontrar huesos de dinosaurios. Desde Alaska y Canadá, hasta las formaciones rocosas ricas en fósiles de México, este vasto continente es una auténtica mina para los paleontólogos.

South Hadley, Massachusetts, Estados Unidos
En 1802, Pliny Moody, de 12 años, descubrió un bloque de roca con unas extrañas marcas. Fueron los primeros vestigios de dinosaurio oficialmente reconocidos. La huella de tres dedos probablemente pertenecía a un terópodo.

Parque estatal Dinosaur Valley, Texas, Estados Unidos
La senda a lo largo del río Paluxy, que fue la orilla de un antiguo océano, conserva cientos de huellas de terópodos y saurópodos gigantes.

Ornithomimus
Este terópodo con plumas se bautizó a finales del siglo XIX, durante la «guerra de los huesos» (la gran rivalidad entre Edward Cope y Othniel Marsh).

Formación Cerro del Pueblo, México
Se han encontrado distintos dinosaurios herbívoros, entre ellos ornitópodos y ceratopsianos.

Principales yacimientos

Formación Horseshoe Canyon, Alberta, Canadá (Cretácico)
Principal hallazgo: *Albertosaurus*

Formación Dinosaur Park, Alberta, Canadá (Cretácico)
Principal hallazgo: *Corythosaurus*

Formación Hell Creek, Montana, Estados Unidos (Cretácico)
Principales hallazgos: *Tyrannosaurus, Ankylosaurus* y *Pachycephalosaurus*

Formación Morrison, Utah, Estados Unidos (Jurásico)
Principales hallazgos: *Stegosaurus, Diplodocus, Allosaurus* y *Ceratosaurus*

Formación Chinle, Nuevo México, Estados Unidos (Triásico)
Principal hallazgo: *Coelophysis*

Huesos de dinosaurio en las rocas de la formación Morrison, en Utah, Estados Unidos.

AMÉRICA DEL SUR

Cuernos y dientes

Pocos carnívoros tenían un aspecto tan fiero como el carnotauro, con sus cuernos de toro y sus dientes afilados. Este animal aterrorizó las regiones de Sudamérica hace unos 70 millones de años.

Herrerasaurus

El *Herrerasaurus*, uno de los primeros dinosaurios que existió, hace unos 230 millones de años, acechaba en una zona de llanuras aluviales en el supercontinente de Gondwana. Con sus 6 m de largo, era un depredador carnívoro enorme.

Mandíbula peculiar

Una articulación flexible en la mandíbula inferior le permitía deslizar los huesos hacia delante y hacia atrás, y sujetar así a las presas vivas que forcejeaban, como hacen algunos lagartos actuales. Lo hacían posible unos ligamentos elásticos, que facilitaban que la mandíbula amortiguara el golpe al morder.

Cráneo fosilizado de *Herrerasaurus*

Manos largas

Usaba los tres largos dedos en forma de garra para sujetar a las presas. Los dos exteriores nacían en el tejido blando de la mano.

Origen incierto

Debido a su antigüedad y a su insólita anatomía, se desconoce el lugar que ocupa en el árbol genealógico de los dinosaurios. Estudios recientes lo sitúan cerca de los saurópodos, pero estudios anteriores lo relacionan con los terópodos.

LOS HUESOS DEL CRÁNEO DE UN EJEMPLAR MOSTRABAN MARCAS

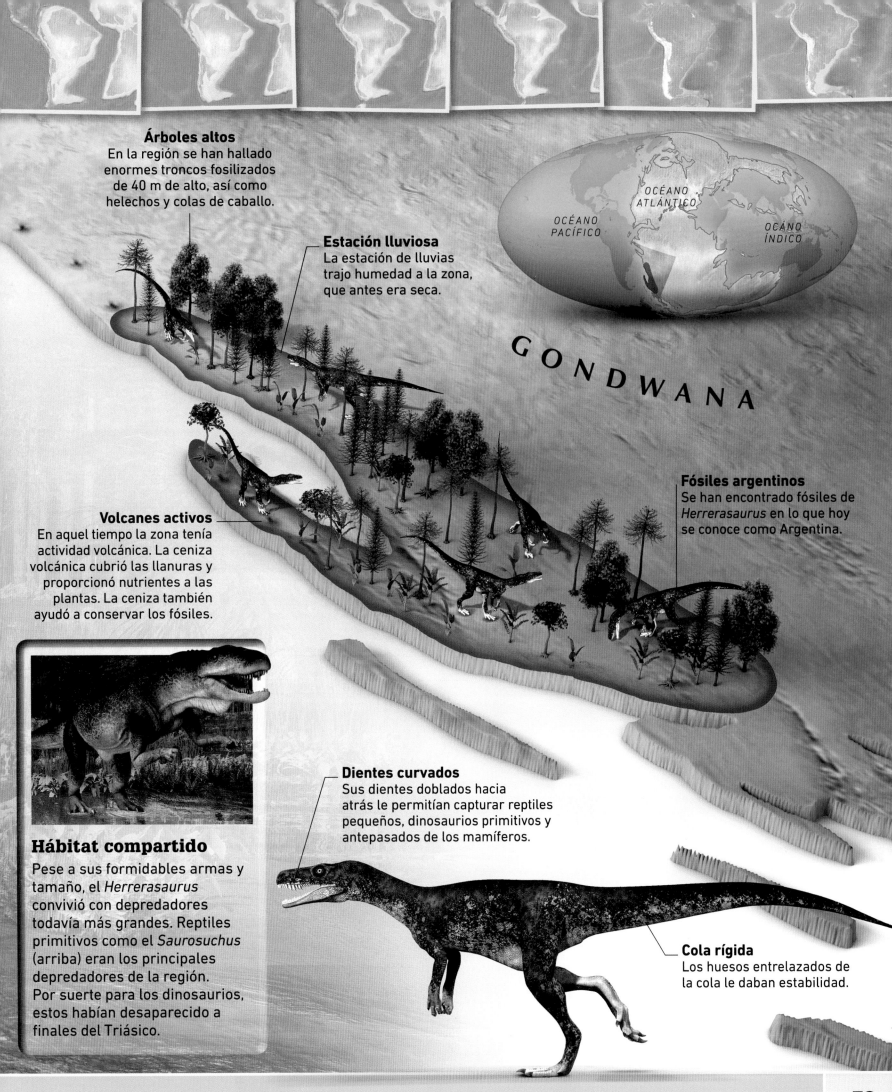

Árboles altos
En la región se han hallado enormes troncos fosilizados de 40 m de alto, así como helechos y colas de caballo.

Estación lluviosa
La estación de lluvias trajo humedad a la zona, que antes era seca.

OCÉANO
ATLÁNTICO

OCÉANO
PACÍFICO

OCÁNO
ÍNDICO

G O N D W A N A

Volcanes activos
En aquel tiempo la zona tenía actividad volcánica. La ceniza volcánica cubrió las llanuras y proporcionó nutrientes a las plantas. La ceniza también ayudó a conservar los fósiles.

Fósiles argentinos
Se han encontrado fósiles de *Herrerasaurus* en lo que hoy se conoce como Argentina.

Dientes curvados
Sus dientes doblados hacia atrás le permitían capturar reptiles pequeños, dinosaurios primitivos y antepasados de los mamíferos.

Hábitat compartido

Pese a sus formidables armas y tamaño, el *Herrerasaurus* convivió con depredadores todavía más grandes. Reptiles primitivos como el *Saurosuchus* (arriba) eran los principales depredadores de la región. Por suerte para los dinosaurios, estos habían desaparecido a finales del Triásico.

Cola rígida
Los huesos entrelazados de la cola le daban estabilidad.

OCÉANO PACÍFICO

Boca de pájaro
Tenía una boca de queratina perfecta para arrancar la vegetación más baja.

AMÉRICA DEL SUR

Extraño esqueleto

Sus patas traseras se parecen a las de los terópodos. Sus dientes son espatulados: planos y romos, perfectos para mordisquear y masticar materia vegetal.
Aunque en algunas cosas parecía un carnívoro, no tenía los dientes afilados propios de estos, como los del tiranosaurio, el temible depredador cretácico.

Reconstrucción de un esqueleto de Chilesaurus

Mar menguante
La bajada del nivel del mar dejó al descubierto más tierra firme en la que podía vivir.

Actividad volcánica
En aquella época las erupciones volcánicas que hubo en la región mataron o hirieron a algunos *Chilesaurus*, pues no eran los más rápidos en escapar.

Chilesaurus

Ejercicio de equilibrio
La larga cola le ayudaba a mantener el equilibrio sobre sus pequeñas patas.

Este herbívoro de 3 m de largo vivía en Sudamérica hace unos 150 millones de años. Los expertos tienen problemas para situarlo en el árbol genealógico de los dinosaurios. Por la forma de su cuerpo parece un carnívoro, pero sus caderas de pájaro se asemejan a las de un ornitisquio, como el estegosaurio.

SU NOMBRE COMPLETO ES *CHILESAURUS DIEGOSUAREZI*, POR

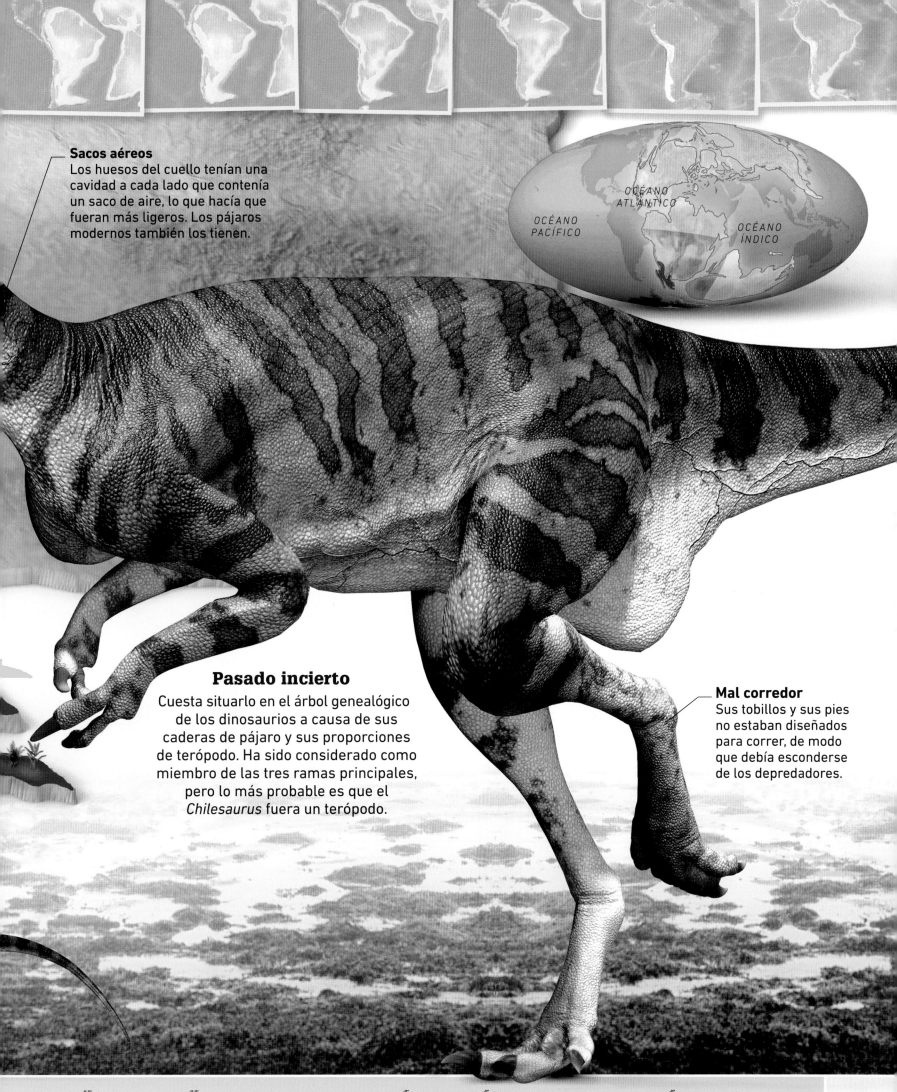

Sacos aéreos
Los huesos del cuello tenían una cavidad a cada lado que contenía un saco de aire, lo que hacía que fueran más ligeros. Los pájaros modernos también los tienen.

OCÉANO
ATLÁNTICO

OCÉANO
PACÍFICO

OCÉANO
ÍNDICO

Pasado incierto

Cuesta situarlo en el árbol genealógico de los dinosaurios a causa de sus caderas de pájaro y sus proporciones de terópodo. Ha sido considerado como miembro de las tres ramas principales, pero lo más probable es que el *Chilesaurus* fuera un terópodo.

Mal corredor
Sus tobillos y sus pies no estaban diseñados para correr, de modo que debía esconderse de los depredadores.

OCÉANO
ATLÁNTICO

OCÉANO
PACÍFICO

OCÉANO
ÍNDICO

AMÉRICA
DEL SUR

Tierra en movimiento
África ya se había separado del todo de Sudamérica y se había empezado a formar el océano Atlántico.

Grandes dientes

Los *Giganotosaurus* y parientes eran *carcharodontosaurus*, que significa «lagarto con dientes de tiburón». Sus finos dientes de sierra, de 15 cm de largo y diseñados para cortar carne, estaban fijados a un cráneo de casi 2 m de largo.

Ríos secos
La mayoría de las rocas en las que se hallaron fósiles de *Giganotosaurus* mostraban signos de sistemas fluviales.

Terreno de caza
Es posible que cazara entre los bosques de coníferas y plantas con flores.

OCÉANO
PACÍFICO

Formación de los Andes
La rápida expansión del suelo marino de los océanos Pacífico y Atlántico ayudó a elevar la cordillera de los Andes.

Giganotosaurus

En 1993, Rubén Carolini, un buscador de fósiles aficionado, dijo a los científicos locales que había encontrado un hueso en la parte más meridional de Sudamérica. Poco podía imaginar que pertenecía a uno de los carnívoros más grandes de la Tierra, que se hallaba en lo más alto de la cadena alimenticia.

Asesinos gigantes

Hace unos 100 millones de años, un grupo de alosaurios empezó a crecer hasta alcanzar un tamaño enorme, tal vez porque tenía pocos competidores y había muchas presas grandes. Entre estos cazadores estaban los *Giganotosaurus*, de 12 m de largo.

Temperatura constante
Su temperatura corporal se mantenía constante en comparación con la de otros dinosaurios. Se cree que por eso pudieron crecer tan rápidamente.

Tres garras
Todavía no se han hallado huesos de sus brazos, pero probablemente tenía tres dedos, al igual que otros dinosaurios.

Ritmo de marcha
Antiguamente se creía que podían correr rápido, pero estudios recientes sugieren que se limitaba a andar rápido.

Rápida mordedura
No tenía una mandíbula demasiado fuerte, pero podía dar mordiscos con gran rapidez, uno tras otro.

COMO 125 PERSONAS ADULTAS DE TALLA MEDIA.

Lucha por la presa

Ser gigante tiene sus ventajas. El pequeño *Ekrixinatosaurus* ha encontrado el cuerpo primero, pero el *Giganotosaurus* se ha hecho con el botín por la fuerza. Si logra sobrevivir, el *Ekrixinatosaurus* deberá esperar y conformarse con las sobras.

Continentes separados
En esa época Sudamérica y Norteamérica no estaban unidos como hoy en día.

Para mantenerse en pie
La vértebra más grande de la columna y la cola, de 1,6 m de alto, evitaba que el cuerpo se desplomase.

AMÉRICA DEL SUR

Fósiles argentinos
Se llama así porque en la actual Argentina se encontraron los primeros fósiles de *Argentinosaurus*.

Clima seco
Las pruebas halladas en los yacimientos muestran que probablemente vivió en un clima árido.

Largo alcance
Su largo cuello debía de permitirle explorar de forma eficaz sin gastar demasiada energía.

Nido de dinosaurios
En 1997 se halló una zona de nidificación de saurópodos al sur de Sudamérica. Los dinosaurios habían cavado en el suelo y depositado 15-34 huevos. Así se descubrió que dinosaurios como el *Argentinosaurus* compartían nido.

Fragmentos de huevos de saurópodo

Digestión
Las bacterias de sus intestinos descomponían los vegetales y liberaban su energía.

EL VOLUMINOSO *ARGENTINOSAURUS* SOLO PODÍA DESPLAZARSE A UN

OCÉANO
ATLÁNTICO

OCÉANO
PACÍFICO

OCÉANO
ÍNDICO

Esqueleto sustentador

Es uno de los animales terrestres más pesados que ha existido jamás, por lo que necesitaba unas patas fuertes. Estas formaban una base sustentadora natural para que las articulaciones sufrieran lo mínimo.

Gigante sudamericano

Solo se conserva un esqueleto incompleto hallado en Argentina. A partir de él, los científicos han deducido que debió de pesar unas 80 toneladas, como seis camiones de bomberos juntos.

Músculos fuertes

Los grandes tríceps de la parte posterior de las extremidades delanteras lo ayudaban a sostener el peso de su cuerpo mientras vagaba por ahí.

Argentinosaurus

El *Argentinosaurus*, uno de los saurópodos colosales conocidos como titanosaurios, era enorme incluso entre sus parientes. Este herbívoro, que podía alcanzar los 35 m de largo, vagaba por Sudamérica hace 90 millones de años. Comía muchísimo, unos 106-230 kg de comida al día. ¡El equivalente en peso a 30-65 ladrillos!

Carnotaurus

Este depredador de 8 m de largo fue una de las figuras amenazantes de Sudamérica a finales del Cretácico, hace unos 70 millones de años. En griego antiguo, su nombre significa «toro carnívoro». Podía correr muy rápido y estaba armado con dos cuernos, unos dientes afilados y el deseo apremiante de matar y comerse todo lo que se cruzara en su camino, ya fuera grande o pequeño.

Aparearse a golpes
Tras estudiar un cráneo de *Carnotaurus* muy bien conservado hallado en Argentina, algunos paleontólogos sugirieron que usaban los cuernos para embestirse, tal vez para competir durante el apareamiento.

Cráneo de *Carnotaurus*

Toro carnívoro
Los científicos no se ponen de acuerdo sobre sus hábitos alimentarios. Algunos creen que comía caza mayor, como grandes saurópodos. Otros sostienen que a causa de su cráneo estrecho y de la forma de su mandíbula, su mordida era débil, y más indicada para presas pequeñas como los ornitópodos.

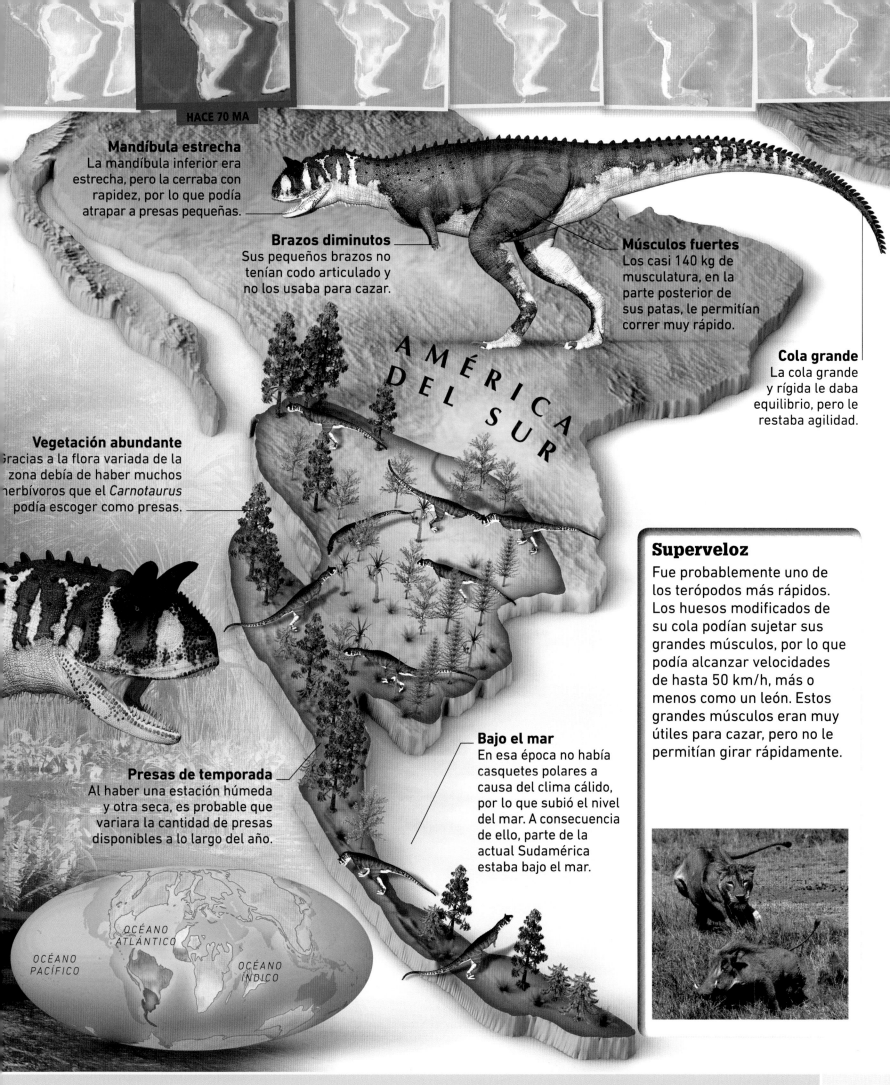

Mandíbula estrecha
La mandíbula inferior era estrecha, pero la cerraba con rapidez, por lo que podía atrapar a presas pequeñas.

Brazos diminutos
Sus pequeños brazos no tenían codo articulado y no los usaba para cazar.

Músculos fuertes
Los casi 140 kg de musculatura, en la parte posterior de sus patas, le permitían correr muy rápido.

Cola grande
La cola grande y rígida le daba equilibrio, pero le restaba agilidad.

AMÉRICA DEL SUR

Vegetación abundante
Gracias a la flora variada de la zona debía de haber muchos herbívoros que el *Carnotaurus* podía escoger como presas.

Presas de temporada
Al haber una estación húmeda y otra seca, es probable que variara la cantidad de presas disponibles a lo largo del año.

Bajo el mar
En esa época no había casquetes polares a causa del clima cálido, por lo que subió el nivel del mar. A consecuencia de ello, parte de la actual Sudamérica estaba bajo el mar.

Superveloz
Fue probablemente uno de los terópodos más rápidos. Los huesos modificados de su cola podían sujetar sus grandes músculos, por lo que podía alcanzar velocidades de hasta 50 km/h, más o menos como un león. Estos grandes músculos eran muy útiles para cazar, pero no le permitían girar rápidamente.

OCÉANO ATLÁNTICO

OCÉANO PACÍFICO

OCÉANO ÍNDICO

Eoraptor

Este animal de 1 m de largo fue uno de los primeros dinosaurios conocidos, y se halló en el paisaje rocoso de la formación Ischigualasto, en Argentina. Probablemente cazaba pequeños reptiles.

Grupo Itapecuru, Brasil
En este emplazamiento del estado de Maranhao se han hallado restos de saurópodos y terópodos.

Formación Girón, Colombia
Aquí se halló uno de los saurópodos jurásicos que raramente se encuentra fuera de Argentina.

La Tierra hoy

AMÉRICA DEL SUR

Yacimientos

América del Sur

Grupo Vilquechico, Perú
Se han encontrado huellas de dinosaurios, justo al norte del lago Titicaca.

En América del Sur han sido localizados fósiles de algunos de los dinosaurios más primitivos y grandes. Buscar fósiles en América del Sur, no obstante, con su densa selva amazónica, puede ser todo un desafío. La mayoría de los hallazgos se producen en las zonas más meridionales del continente.

LEYENDA

● Yacimiento de fósiles de dinosaurio

Valle de los dinosaurios, Paraíba, Brasil
Se han hallado varios vestigios de terópodos y ornitópodos en la cuenca del río Peixe.

Principales yacimientos

Formación Ischigualasto, provincia de San Juan, Argentina (Triásico)
Principales hallazgos: *Eoraptor, Herrerasaurus*

Formación Huincul, provincia de Neuquén, Argentina (Cretácico)
Principal hallazgo: *Argentinosaurus*

Formación Candeleros, provincia de Neuquén, Argentina (Cretácico)
Principal hallazgo: *Giganotosaurus*

Formación La Colonia, Chabut, provincia de Chabut, Argentina (Cretácico)
Principal hallazgo: *Carnotaurus*

Formación Toqui, región de Aysén, Chile (Jurásico)
Principal hallazgo: *Chilesaurus*

Grupo Bauru, Brasil
Se han encontrado restos de terópodos y saurópodos de finales del Cretácico en el estado de Mato Grosso.

Minas Gerais, Brasil
Se han hallado restos de terópodos y de saurópodos de finales del Cretácico en la formación geológica de este estado.

Formación Ischigualasto, también conocida como Valle de la Luna.

Formación Santa María, Brasil
Este ecosistema de finales del Triásico fue descubierto en el sur de Brasil. Había fósiles, entre otros, del pequeño depredador *Staurikosaurus*.

Entre Ríos, Argentina
Se hallaron huesos de titanosaurio y dientes de anquilosaurios y terópodos

Formación Candeleros, provincia de Neuquén, Argentina

Formación Cerro Fortaleza, Argentina
En el sur de la Patagonia se han recuperado el gran titanosaurio *Puertasaurus*, el terópodo *Orkoraptor* y el ornitópodo *Talenkauen*.

Formación Ischigualasto, provincia de San Juan, Argentina

Formación Huincul, provincia de Neuquén, Argentina

Formación La Colonia, provincia de Chubut, Argentina

Formación Toqui, región de Aysén, Chile

EUROPA

Pájaro primitivo
El *Archaeopteryx*, del tamaño de un cuervo, es el pájaro más antiguo que se conoce; tenía una cola ósea, alas con garras y mandíbula con dientes. Vivió en los paisajes secos y ralos de Europa. Solo podía volar distancias cortas.

Dientes
Este pariente de los saurópodos cortaba y troceaba la materia vegetal con sus dientes en forma de hoja.

PANGEA

OCÉANO ATLÁNTICO

OCÉANO PACÍFICO

OCÉANO ÍNDICO

Pulmones eficaces
Sus pulmones debían de ser como los de los pájaros. Le suministraban mucho oxígeno rápidamente, acelerando su crecimiento y sus movimientos.

HACE 210 MA

Crecimiento rápido
Un ejemplar adulto medía entre 5 y 10 m de largo. El estudio de sus huesos muestra que podía crecer muy rápido, rasgo que ayudaría a sus descendientes a crecer hasta convertirse en verdaderos gigantes.

Fuertes brazos
Era fuerte y tenía grandes garras, que usaba para agarrar el alimento o para luchar.

¿Dos o cuatro patas?
Los científicos han discutido mucho sobre cómo se movían. En el pasado, unos expertos sostenían que andaban a cuatro patas, como los lagartos, y otros que saltaban como los canguros. Los estudios modernos, sin embargo, sugieren que sus brazos no servían para desplazarse a cuatro patas, y que sus extremidades inferiores eran perfectas para andar sobre dos patas.

Reconstrucción de un esqueleto de *Plateosaurus*

Paso rápido
Gracias a sus patas y sus dedos largos podía andar a paso acelerado, pero no podía correr.

TENÍA DIENTE CÓNICOS EN FORMA DE SIERRA EN LA PARTE FRONTAL DE

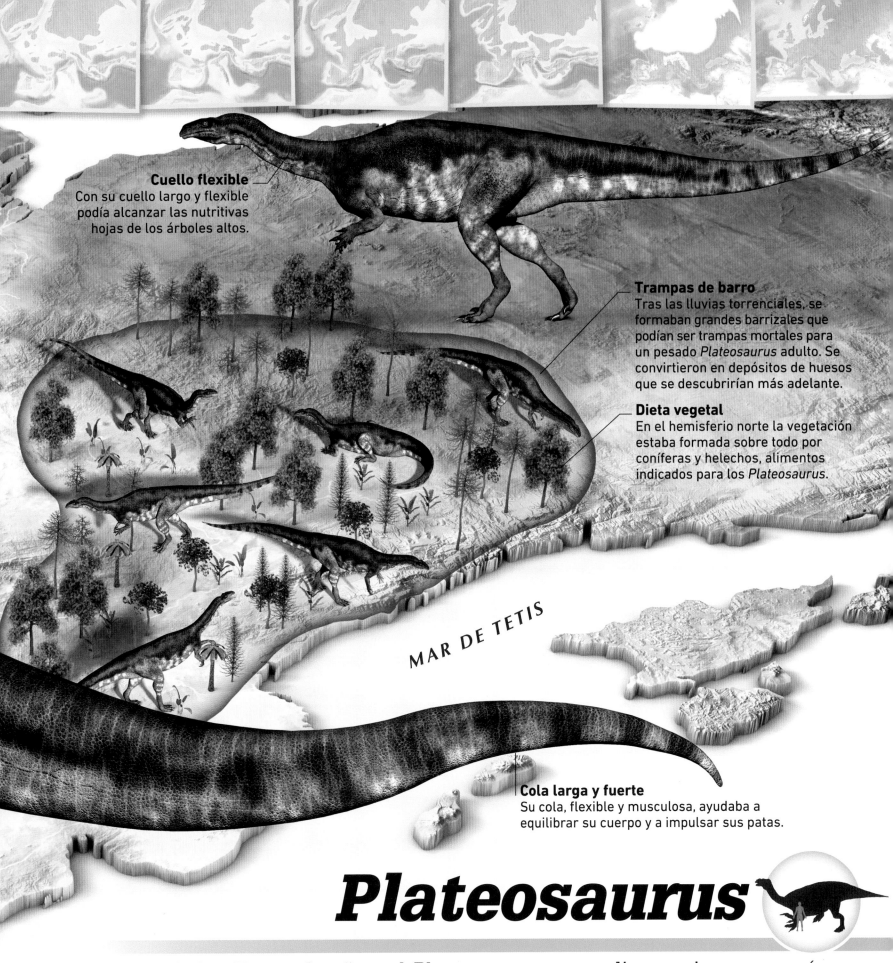

Cuello flexible
Con su cuello largo y flexible podía alcanzar las nutritivas hojas de los árboles altos.

Trampas de barro
Tras las lluvias torrenciales, se formaban grandes barrizales que podían ser trampas mortales para un pesado *Plateosaurus* adulto. Se convirtieron en depósitos de huesos que se descubrirían más adelante.

Dieta vegetal
En el hemisferio norte la vegetación estaba formada sobre todo por coníferas y helechos, alimentos indicados para los *Plateosaurus*.

MAR DE TETIS

Cola larga y fuerte
Su cola, flexible y musculosa, ayudaba a equilibrar su cuerpo y a impulsar sus patas.

Plateosaurus

Hace 210 millones de años, el *Plateosaurus* era un dinosaurio muy común en el supercontinente Pangea. En lo que hoy es Europa se han encontrado muchos esqueletos bien conservados, lo que ha permitido a los expertos descubrir muchas cosas sobre este fascinante herbívoro, como su dieta y su anatomía.

LA MANDÍBULA Y DIENTES EN FORMA DE HOJA EN LA PARTE POSTERIOR.

Ciénagas embarradas

Dos *Plateosaurus* cercan a un pterosaurio en una ciénaga mientras una tortuga prehistórica los mira desde una distancia prudencial. Las huellas de estos dinosaurios se conservarán durante millones de años, ya que el barro al solidificarse fosilizará sus huellas.

Ojo gigante

Sus ojos, que podían medir hasta 22 cm de ancho, eran de los más grandes del reino animal. Probablemente le permitían ver en las aguas profundas y oscuras, hasta 500 m de profundidad.

Fósil de *Ophalmosaurus* hallado en Peterborough, Reino Unido

Aleta vertical

Su aleta caudal era vertical, como la del tiburón o el atún. Avanzaba moviendo la cola de un lado a otro.

Cuerpo estilizado

Su cuerpo tenía forma de torpedo y sus extremidades, de pala. Su piel era lisa y su cola, fuerte y parecida a la de un tiburón. El aspecto de su cuerpo era como el de algunas criaturas marinas actuales, como el pez vela.

Buena visión

Este reptil marino confiaba en su excelente visión para cazar peces y calamares, a menudo a gran profundidad.

Remos potentes

Usaba las aletas anteriores, fuertes y gruesas, para navegar.

Ophthalmosaurus

Este animal jurásico no es un dinosaurio, sino que pertenece a un grupo llamado *Ichthyosaurus*. Descendía de animales terrestres como el lagarto, medía 6 m de largo y navegaba por los mares del planeta hace 150 millones de años.

EN 1874, EL CIENTÍFICO BRITÁNICO HENRY SEELEY LO BAUTIZÓ COMO

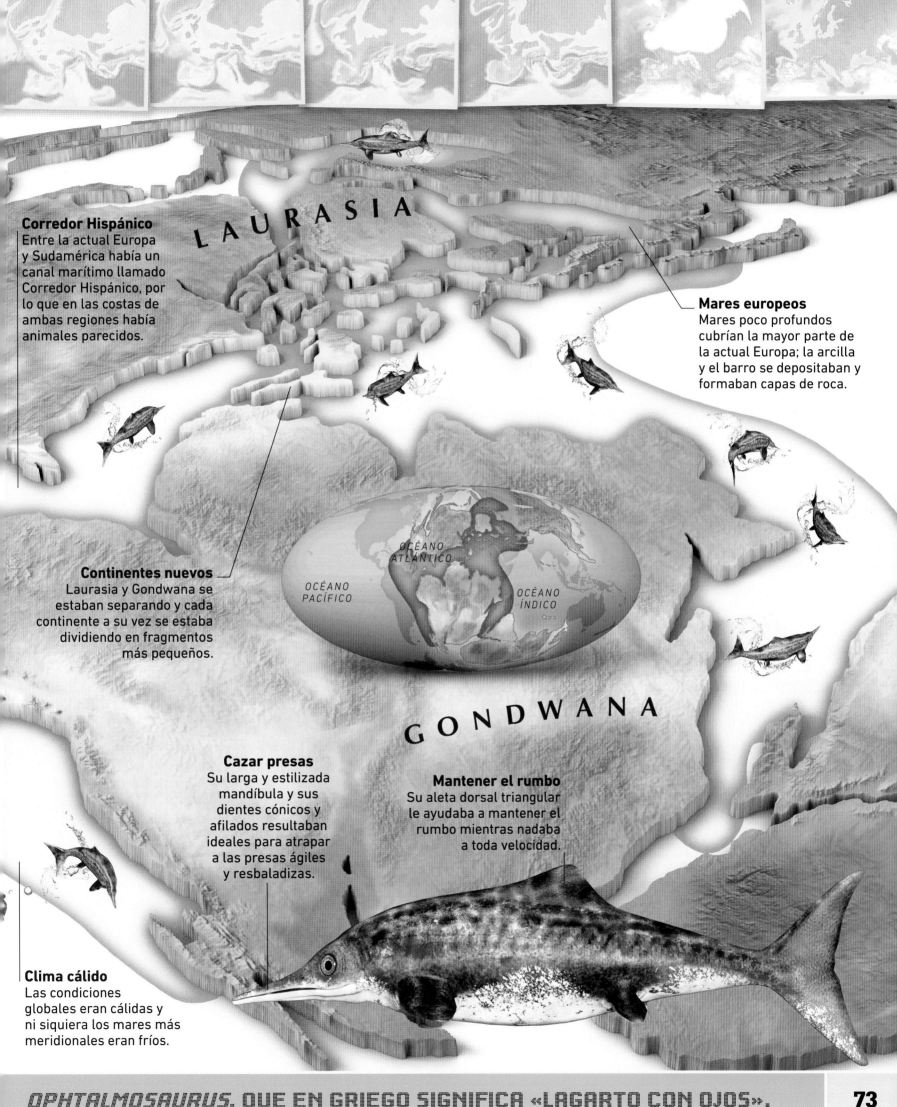

Corredor Hispánico
Entre la actual Europa y Sudamérica había un canal marítimo llamado Corredor Hispánico, por lo que en las costas de ambas regiones había animales parecidos.

LAURASIA

Mares europeos
Mares poco profundos cubrían la mayor parte de la actual Europa; la arcilla y el barro se depositaban y formaban capas de roca.

OCÉANO
ATLÁNTICO

OCÉANO
PACÍFICO

OCÉANO
ÍNDICO

Continentes nuevos
Laurasia y Gondwana se estaban separando y cada continente a su vez se estaba dividiendo en fragmentos más pequeños.

GONDWANA

Cazar presas
Su larga y estilizada mandíbula y sus dientes cónicos y afilados resultaban ideales para atrapar a las presas ágiles y resbaladizas.

Mantener el rumbo
Su aleta dorsal triangular le ayudaba a mantener el rumbo mientras nadaba a toda velocidad.

Clima cálido
Las condiciones globales eran cálidas y ni siquiera los mares más meridionales eran fríos.

OPHTALMOSAURUS, QUE EN GRIEGO SIGNIFICA «LAGARTO CON OJOS».

Pájaro primitivo

Algunos científicos piensan que es el pájaro más antiguo conocido. Heredó la larga cola ósea y las mandíbulas dentadas de los dinosaurios terópodos. Gracias a las investigaciones, conocemos mejor el origen de los pájaros y la evolución de los dinosaurios.

Músculos de vuelo

Su esternón pequeño y liviano indica que los músculos que usaba para volar eran pequeños.

Alza el vuelo

La forma de los huesos de sus alas indica que era capaz de volar. Análisis recientes han revelado que podía volar distancias cortas y en varias veces, como el faisán actual, que aparece en la foto.

Garra levantada

Tenía el segundo dedo levantado hacia arriba, como su descendiente el *Velociraptor*, para mantenerlo afilado y atacar a las presas o trepar a los árboles.

OCÉANO
ATLÁNTICO

OCÉANO
PACÍFICO

OCÉANO
ÍNDICO

EL ANÁLISIS DE UN GRUPO DE HUESOS DEL OJO, LLAMADO ANILLO

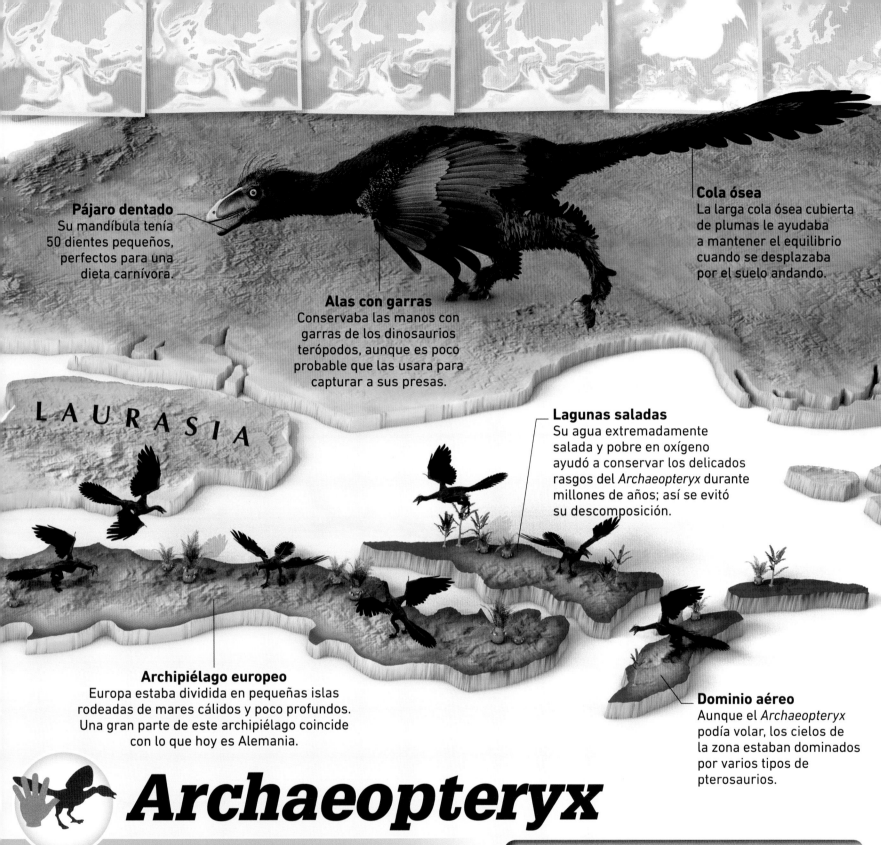

Pájaro dentado
Su mandíbula tenía 50 dientes pequeños, perfectos para una dieta carnívora.

Cola ósea
La larga cola ósea cubierta de plumas le ayudaba a mantener el equilibrio cuando se desplazaba por el suelo andando.

Alas con garras
Conservaba las manos con garras de los dinosaurios terópodos, aunque es poco probable que las usara para capturar a sus presas.

Lagunas saladas
Su agua extremadamente salada y pobre en oxígeno ayudó a conservar los delicados rasgos del *Archaeopteryx* durante millones de años; así se evitó su descomposición.

LAURASIA

Archipiélago europeo
Europa estaba dividida en pequeñas islas rodeadas de mares cálidos y poco profundos. Una gran parte de este archipiélago coincide con lo que hoy es Alemania.

Dominio aéreo
Aunque el *Archaeopteryx* podía volar, los cielos de la zona estaban dominados por varios tipos de pterosaurios.

Archaeopteryx

Los primeros fósiles de *Archaeopteryx*, que se hallaron en 1861 en Alemania, estaban casi intactos y revelaron que era del tamaño de un cuervo y que no volaba demasiado bien. Habitó las islas arboladas de Europa a finales del Jurásico, hace 151-146 millones de años.

Pluma fosilizada
Los estudios realizados con la pluma han mostrado que era negra y que tenía la misma estructura que las plumas de los pájaros actuales. Le permitía volar distancias cortas.

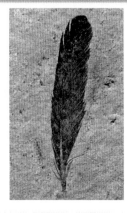

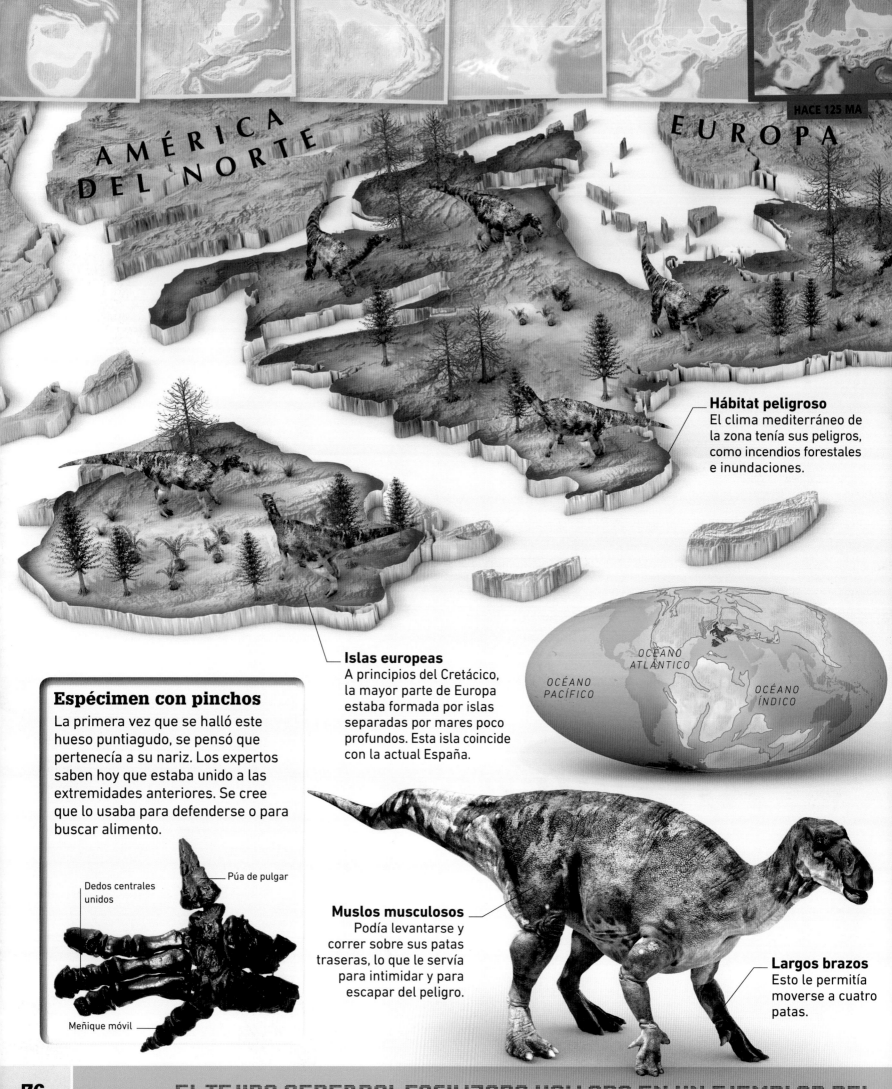

AMÉRICA DEL NORTE

EUROPA

Hábitat peligroso

El clima mediterráneo de la zona tenía sus peligros, como incendios forestales e inundaciones.

Islas europeas

A principios del Cretácico, la mayor parte de Europa estaba formada por islas separadas por mares poco profundos. Esta isla coincide con la actual España.

OCÉANO PACÍFICO

OCÉANO ATLÁNTICO

OCÉANO ÍNDICO

Espécimen con pinchos

La primera vez que se halló este hueso puntiagudo, se pensó que pertenecía a su nariz. Los expertos saben hoy que estaba unido a las extremidades anteriores. Se cree que lo usaba para defenderse o para buscar alimento.

Dedos centrales unidos

Púa de pulgar

Meñique móvil

Muslos musculosos

Podía levantarse y correr sobre sus patas traseras, lo que le servía para intimidar y para escapar del peligro.

Largos brazos

Esto le permitía moverse a cuatro patas.

EL TEJIDO CEREBRAL FOSILIZADO HALLADO EN UN EJEMPLAR DEL

Dieta vegetal
El *Iguanodon* se alimentaba de cola de caballo, helechos y las ramas bajas de las coníferas.

Piel escamosa
Su piel dura lo protegía de infecciones y arañazos.

Devorador de plantas
Usaba sus dientes de iguana, a los que debe su nombre, para triturar los vegetales.

Gran hallazgo
En 1822, el inglés Gideon Mantell y su esposa Mary encontraron unos dientes fósiles. Al principio, los científicos pensaron que eran de un gran lagarto, pero más tarde se dieron cuenta de que correspondían a un reptil gigante muy distinto de los lagartos modernos. En 1878, se hallaron en Bélgica esqueletos completos de *Iguanodon*.

Iguanodon

El *Iguanodon* se hizo famoso en 1825 al ser uno de los primeros dinosaurios bautizados oficialmente. Este pesado ornitópodo herbívoro vagaba por algunas zonas de Europa hace unos 140-110 millones de años. Los estudios realizados con sus gruesos huesos indican que los adultos podían alcanzar 10 m de largo y 4 toneladas de peso.

Muñecas fusionadas
Los huesos de su muñeca estaban fusionados, para soportar el peso de su cuerpo.

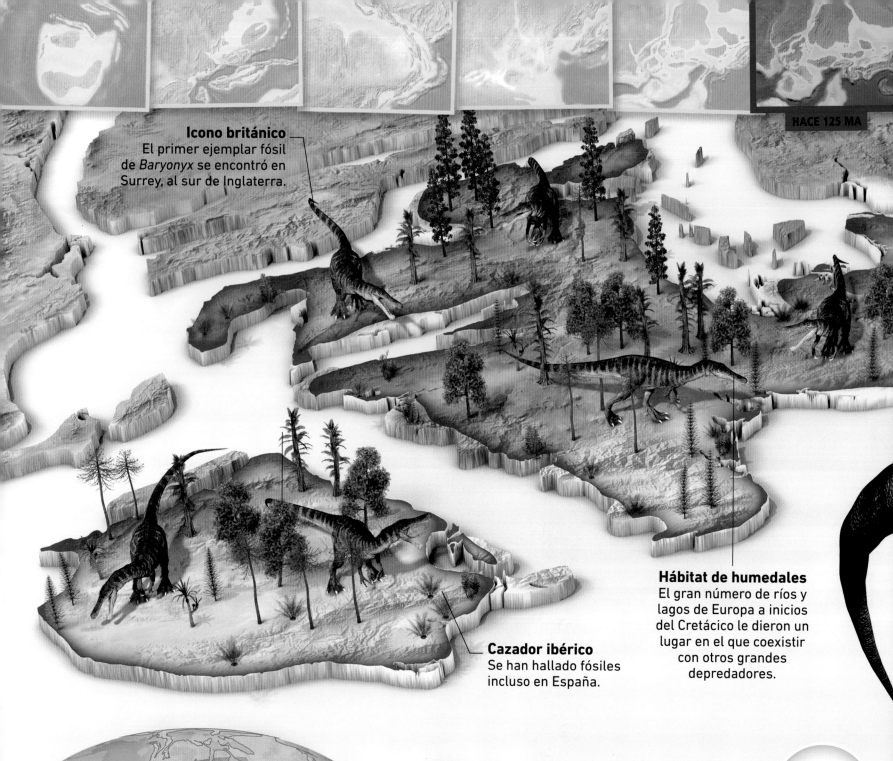

Icono británico
El primer ejemplar fósil de *Baryonyx* se encontró en Surrey, al sur de Inglaterra.

Hábitat de humedales
El gran número de ríos y lagos de Europa a inicios del Cretácico le dieron un lugar en el que coexistir con otros grandes depredadores.

Cazador ibérico
Se han hallado fósiles incluso en España.

OCÉANO
ATLÁNTICO

OCÉANO
PACÍFICO

OCÉANO
ÍNDICO

Baryonyx

El *Baryonyx*, de 8 m de largo, evolucionó para poder explotar un hábitat nuevo para los terópodos: el agua. Su largo cráneo y sus dientes cónicos eran ideales para atrapar peces en los márgenes de los ríos y lagos de la Europa de hace 125 millones de años.

Locomoción bípeda
Como en los terópodos bípedos, el peso del cuerpo descansaba sobre las patas traseras.

LA MAYORÍA DE SUS HUESOS SE HAN HALLADO EN EUROPA, PERO ALGUNOS

Mandíbula dentada
Tenía 64 dientes pequeños en la mandíbula inferior, más que la mayoría de los terópodos.

EUROPA

Cola musculosa
Como otros terópodos, su larga y fuerte cola le daba el equilibrio necesario para poder andar y correr.

Estrategias de caza
Todavía se desconocen los pormenores de sus hábitos depredadores. La mayoría de los expertos, no obstante, lo describen como un depredador «generalista», que cazaba tanto en el agua como en tierra firme, desde peces de gruesas escamas hasta crías de dinosaurio.

Contenido estomacal
En el estómago del primer ejemplar de *Baryonyx* se encontraron escamas del pez *Lepidotes*. Por eso se cree que este dinosaurio y sus parientes comían distintos organismos y que, a diferencia de otros terópodos, incluían el pescado en su dieta.

Garra pesada
No está claro cuál era la función de su garra de 25 cm. La idea más extendida es que la usaba para sacar los peces del agua, como hacen los osos pardos actuales.

Brazos robustos
Los paleontólogos todavía no saben para qué usaba sus robustos brazos. Es posible que fuera para cazar peces o abrirlos en canal.

Fósil de la garra del pulgar

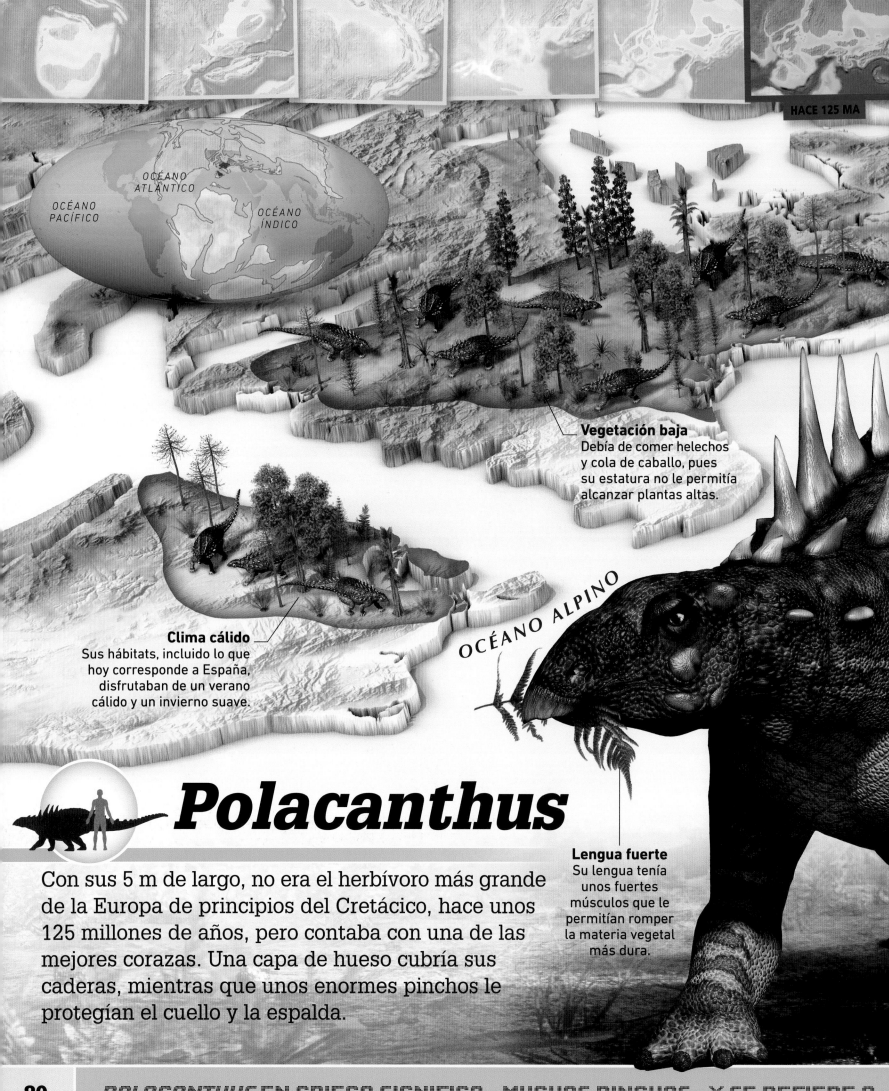

OCÉANO
ATLÁNTICO

OCÉANO
PACÍFICO

OCÉANO
ÍNDICO

Vegetación baja
Debía de comer helechos
y cola de caballo, pues
su estatura no le permitía
alcanzar plantas altas.

OCÉANO ALPINO

Clima cálido
Sus hábitats, incluido lo que
hoy corresponde a España,
disfrutaban de un verano
cálido y un invierno suave.

Lengua fuerte
Su lengua tenía
unos fuertes
músculos que le
permitían romper
la materia vegetal
más dura.

Polacanthus

Con sus 5 m de largo, no era el herbívoro más grande
de la Europa de principios del Cretácico, hace unos
125 millones de años, pero contaba con una de las
mejores corazas. Una capa de hueso cubría sus
caderas, mientras que unos enormes pinchos le
protegían el cuello y la espalda.

POLACANTHUS EN GRIEGO SIGNIFICA «MUCHOS PINCHOS» Y SE REFIERE A

Mares poco profundos
Europa occidental estaba
separada del resto del
continente euroasiático
por canales marítimos.

Intestinos largos
Sus anchas caderas
sugieren que tenía intestinos
largos, para digerir vegetales.

Caderas acorazadas
Una capa de hueso cubría la
parte superior de sus caderas
protegiendo sus huesos
ilíacos y sus muslos.

Desarmado
La cola del *Polacanthus* no tenía forma
de porra, pero los pinchos que la
recorrían debieron bastar para
ahuyentar a los depredadores.

Riego sanguíneo
Las placas y pinchos
muestran marcas de vasos
sanguíneos, que debían de
abastecer los tejidos en
crecimiento.

Bestia acorazada

Unos huesos llamados osteodermos
le crecían directamente sobre la piel,
tanto al *Polacanthus* como a muchos
de sus parientes. A su alrededor le
crecían unos huesos más pequeños
llamados osículos, que formaban
una coraza que lo protegía de los
depredadores.

Criatura rara

No se sabe mucho sobre él porque
se han encontrado pocos fósiles.
Algunos huesos hallados en la
Europa continental se atribuyen
a este dinosaurio, pero la mayoría
de los fósiles proceden del Reino
Unido. Hay material suficiente como
para reconstruir este corpulento
herbívoro acorazado.

Osículos   Osteodermos

Fragmento de la piel fosilizada de un *Polacanthus*

Lagos interiores
Una compleja red
de lagos y manglares
constituía su hábitat.

Conservación excelente
Los microorganismos
de los lagos cubrieron los
restos de *Pelecanimimus*, y
se conservaron como fósiles.

OCÉANO
ATLÁNTICO

OCÉANO
PACÍFICO

OCÉANO
ÍNDICO

Dientes distintos
Mostraban una característica
conocida como heterodoncia,
o posesión de distintos tipos
de dientes. Los frontales
eran anchos, mientras que
los posteriores tenían forma
de cuchilla. Ninguno de ellos
era de sierra.

Reconstrucción del cráneo
del *Pelecanimimus*

Gran biodiversidad
A principios del Cretácico, en la
actual España vivían más de 200
especies animales y vegetales
en las zonas de manglares.

Cresta carnosa
Se cree que la utilizaba para
atraer a sus parejas, como los
tejidos blandos de la cabeza
de algunas aves actuales.

Pelecanimimus

Su mandíbula llena de dientes lo distinguía
de otros dinosaurios posteriores parecidos al avestruz
llamados ornitomimosaurios, que no solían tener dientes.
Este liviano terópodo de 2,5 m de largo debía de usar
los dientes para cortar la comida. Vivió en Europa
hace 125 millones de años.

Tobillo aviar
Los dinosaurios y las aves
modernas comparten el
tobillo en bisagra.

LOS CIENTÍFICOS CREEN QUE, EN TOTAL, EL *PELECANIMIMUS* TENÍA

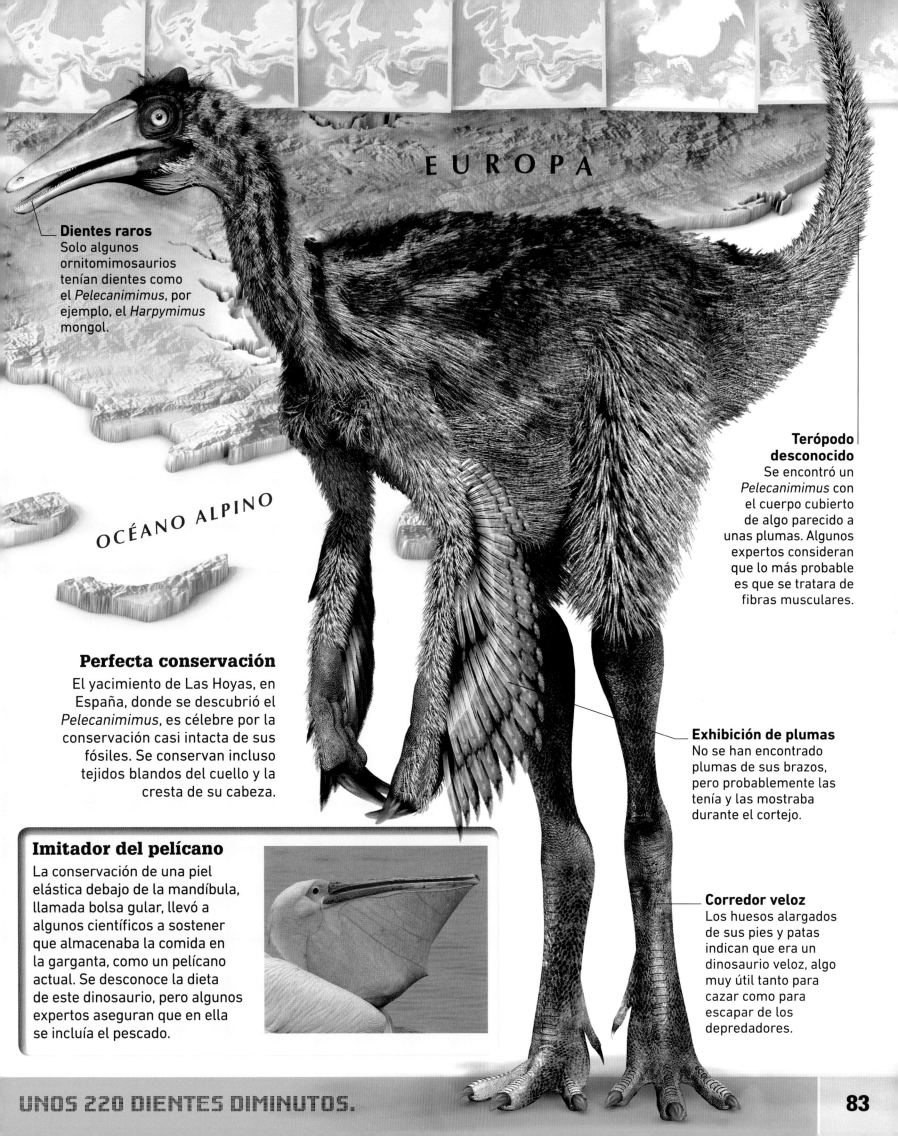

Dientes raros
Solo algunos ornitomimosaurios tenían dientes como el *Pelecanimimus*, por ejemplo, el *Harpymimus* mongol.

EUROPA

OCÉANO ALPINO

Terópodo desconocido
Se encontró un *Pelecanimimus* con el cuerpo cubierto de algo parecido a unas plumas. Algunos expertos consideran que lo más probable es que se tratara de fibras musculares.

Perfecta conservación
El yacimiento de Las Hoyas, en España, donde se descubrió el *Pelecanimimus*, es célebre por la conservación casi intacta de sus fósiles. Se conservan incluso tejidos blandos del cuello y la cresta de su cabeza.

Exhibición de plumas
No se han encontrado plumas de sus brazos, pero probablemente las tenía y las mostraba durante el cortejo.

Imitador del pelícano
La conservación de una piel elástica debajo de la mandíbula, llamada bolsa gular, llevó a algunos científicos a sostener que almacenaba la comida en la garganta, como un pelícano actual. Se desconoce la dieta de este dinosaurio, pero algunos expertos aseguran que en ella se incluía el pescado.

Corredor veloz
Los huesos alargados de sus pies y patas indican que era un dinosaurio veloz, algo muy útil tanto para cazar como para escapar de los depredadores.

Gigante de los cielos

Tenía los huesos gruesos y pesados, pero era ligero en relación con su tamaño y podía volar. También podía andar y correr por el suelo.

Alas enormes

Las membranas de sus alas se extendían desde la punta del cuarto dedo hasta el cuerpo y la pata.

OCÉANO
ATLÁNTICO

OCÉANO
PACÍFICO

OCÉANO
ÍNDICO

Cresta craneal

Una cresta ósea debía de recorrerle la parte superior del cráneo y la mandíbula superior.

Soporte de las alas

Los largos huesos de las manos y un cuarto dedo grueso y alargado que se extendía hasta la punta del ala se encargaban de sujetar las alas.

Hatzegopteryx

Era el más grande de todos los reptiles voladores conocidos como pterosaurios. Surcaba los cielos hace unos 70 millones de años, tenía una envergadura de unos 10 m y medía unos 3 m de alto hasta el hombro. Gracias a su grueso cuello y a sus mandíbulas de cigüeña, podía capturar presas del tamaño de un ser humano.

Desdentado

El grupo de pterosaurios al que pertenece no tenía dientes.

SU CRÁNEO, QUE MEDÍA UNOS 3 M DE LARGO, ERA UNO

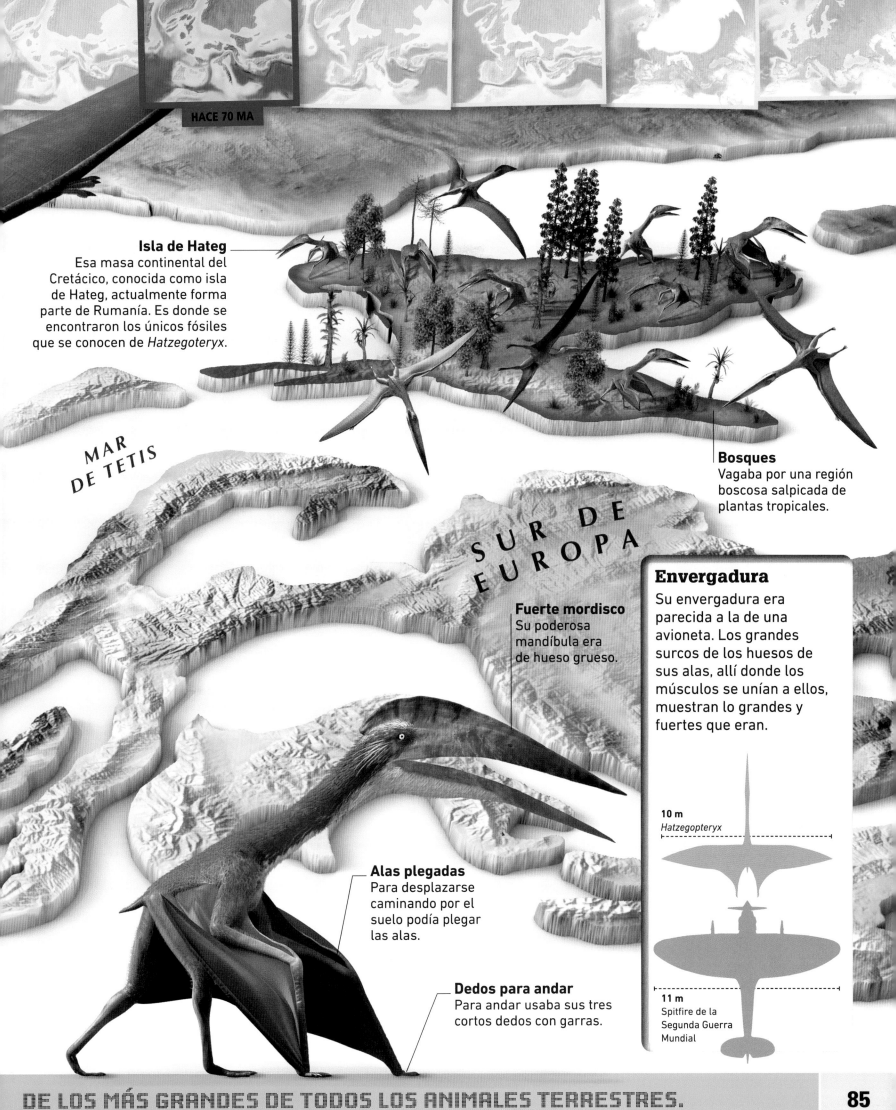

Isla de Hateg
Esa masa continental del Cretácico, conocida como isla de Hateg, actualmente forma parte de Rumanía. Es donde se encontraron los únicos fósiles que se conocen de *Hatzegoteryx*.

MAR DE TETIS

SUR DE EUROPA

Bosques
Vagaba por una región boscosa salpicada de plantas tropicales.

Fuerte mordisco
Su poderosa mandíbula era de hueso grueso.

Envergadura
Su envergadura era parecida a la de una avioneta. Los grandes surcos de los huesos de sus alas, allí donde los músculos se unían a ellos, muestran lo grandes y fuertes que eran.

10 m
Hatzegopteryx

11 m
Spitfire de la Segunda Guerra Mundial

Alas plegadas
Para desplazarse caminando por el suelo podía plegar las alas.

Dedos para andar
Para andar usaba sus tres cortos dedos con garras.

DE LOS MÁS GRANDES DE TODOS LOS ANIMALES TERRESTRES.

Captura del día

El *Hatzegopteryx* no era un dinosaurio, sino un reptil volador o pterosaurio. Era uno de los pterosaurios más grandes que existieron, con una envergadura de 10 m y un cráneo de unos 2 m de largo. Su poderoso cuello y su fuerte mandíbula le permitían agarrar y tragar presas como este dinosaurio del tamaño de un pavo.

Formación Lunde, mar del Norte
Estas rocas del Triásico superior han conservado las huellas de varios dinosaurios primitivos, entre ellas las de depredadores de tamaño medio con pies de pájaro.

Formación de arenisca Valtos, Escocia
Los huesos de dinosaurio hallados en las rocas de mediados del Jurásico en la isla de Skye revelan la presencia de saurópodos y terópodos.

La Tierra hoy

Formación de arcilla de Oxford, Reino Unido

Formación Solnhofen, Alemania

Bernissart, Bélgica

Archaeopteryx
El célebre «primer pájaro» procede de las canteras de caliza de Baviera, Alemania. Hasta la fecha solo se han encontrado 12 ejemplares de *Archaeopteryx*.

Formación de Wessex, Reino Unido

Yacimientos
Europa

En Europa fue donde empezamos a conocer a los dinosaurios y a otros animales prehistóricos. Aquí se hallaron dinosaurios antes que en el resto del mundo. En los yacimientos del Reino Unido, Portugal, Alemania, Hungría, Rumanía, España y otros países se siguen descubriendo nuevas especies en la actualidad.

Formación castellana, La Rioja, España
En estas rocas del Cretácico inferior se han encontrado saurópodos, terópodos y estegosaurios, entre otros.

Formación Lourinha, Portugal

EN 1676 SE HALLÓ EN INGLATERRA UN FÓSIL QUE PODRÍA SER DE UN

Principales yacimientos

Bernissart, Bélgica (Cretácico)
Principal hallazgo: *Iguanodon*

Form. de arcilla, Oxford, R. U. (Jurásico)
Principales hallazgos: *Loricatosaurus,
Callovosaurus, Eustreptospondylus*

Formación de Wessex, R. U. (Cretácico)
Principales hallazgos: *Polacanthus,
Hypsilophodon, Iguanodon, Neovenator*

Formación Lourinha, Portugal
(Jurásico)
Principales hallazgos: *Allosaurus, Ceratosaurus*

Formación Solnhofen, Alemania
(Jurásico)
Principales hallazgos: *Compsognathus,
Juravenator, Ostromia, Archaeopteryx*

Pietraroia
Plattenkalk,
Italia (Cretácico)
Principal hallazgo:
Scipionyx

Hay piedra caliza con
fósiles en muchos lugares
de Europa, como Baviera,
en Alemania.

**Formación
Moskvoretskaya, Rusia**
En estas rocas del Jurásico
medio se han hallado
mamíferos, anfibios y reptiles
prehistóricos, y dientes de
terópodos.

E U R O P A

Formación Rybushka, Rusia
En sus rocas del Cretácico superior
se han encontrado huesos de animales
marinos o de la costa cercana, entre
ellos pterosaurios, plesiosaurios y
aves marinas.

Pietraroia
Plattenkalk,
Italia

LEYENDA

● Yacimiento
de fósiles de
dinosaurio

ÁFRICA

Depredadores acuáticos
Tres esbeltos mesosaurios nadan en un lago de Pangea, con sus afilados dientes listos para hacerse con alguna presa. Estos reptiles acuáticos vivían en aguas frías y dulces hace 290 millones de años.

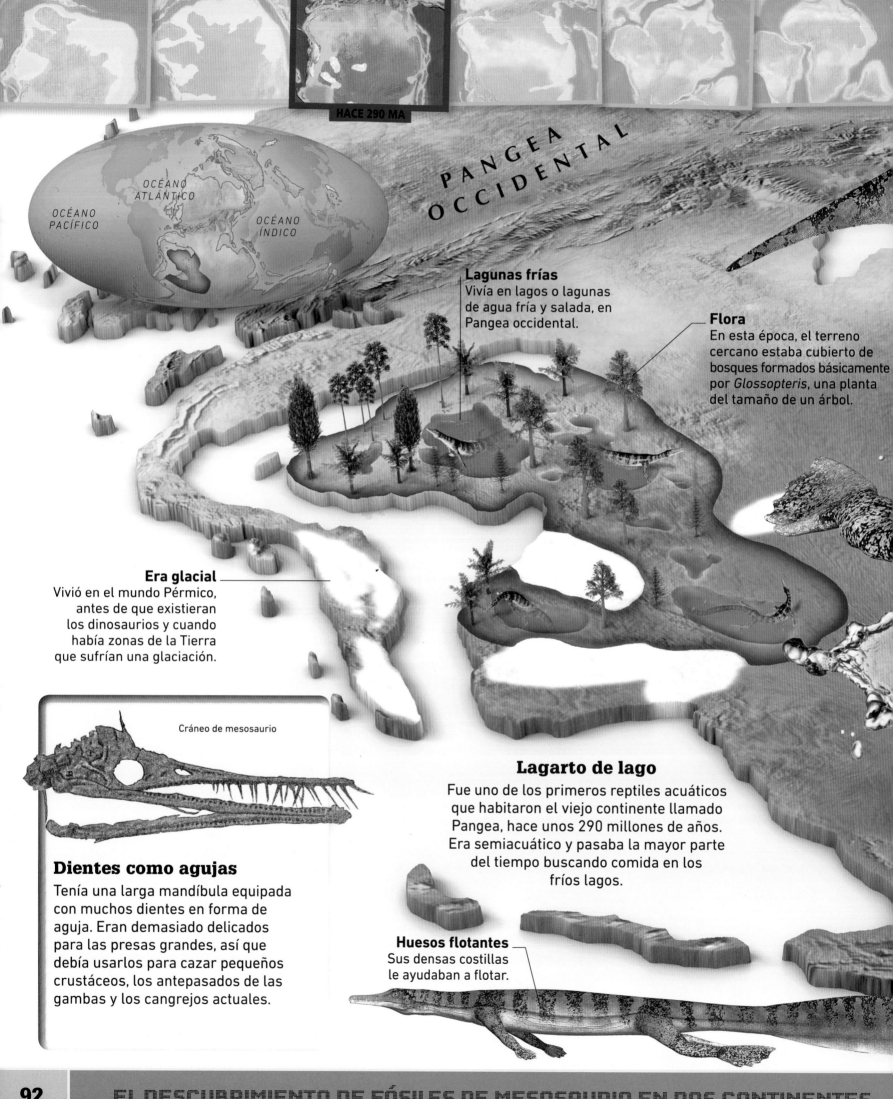

PANGEA OCCIDENTAL

OCÉANO ATLÁNTICO

OCÉANO PACÍFICO

OCÉANO ÍNDICO

Lagunas frías
Vivía en lagos o lagunas de agua fría y salada, en Pangea occidental.

Flora
En esta época, el terreno cercano estaba cubierto de bosques formados básicamente por *Glossopteris*, una planta del tamaño de un árbol.

Era glacial
Vivió en el mundo Pérmico, antes de que existieran los dinosaurios y cuando había zonas de la Tierra que sufrían una glaciación.

Cráneo de mesosaurio

Dientes como agujas
Tenía una larga mandíbula equipada con muchos dientes en forma de aguja. Eran demasiado delicados para las presas grandes, así que debía usarlos para cazar pequeños crustáceos, los antepasados de las gambas y los cangrejos actuales.

Lagarto de lago
Fue uno de los primeros reptiles acuáticos que habitaron el viejo continente llamado Pangea, hace unos 290 millones de años. Era semiacuático y pasaba la mayor parte del tiempo buscando comida en los fríos lagos.

Huesos flotantes
Sus densas costillas le ayudaban a flotar.

Mesosaurio

El mesosaurio, de 1 m de largo, no era un dinosaurio, sino un reptil acuático primitivo que vivía en los lagos. Gracias a los fósiles sabemos que en la época en la que existía esta criatura, el sur de África y Sudamérica estaban unidos.

Remo integrado
Usaba su larga y ancha cola a modo de remo.

Fosas nasales elevadas
Las tenía muy arriba, cerca de los ojos.

Palmeado
Tenía los dedos palmeados para desplazarse mejor por el agua.

PANGEA ORIENTAL

DISTINTOS RESPALDA LA TEORÍA DE LA DERIVA CONTINENTAL.

Listrosaurio

Este herbívoro rechoncho vivió en Pangea hace 250 millones de años, a finales del Pérmico y principios del Triásico. Se conocen varias especies, la mayoría de ellas de entre 1 y 2 m de largo. No es un dinosaurio, sino que pertenecía al grupo de los terápsidos dicinodontes, que estaba estrechamente relacionado con los mamíferos.

Superviviente
Era muy fuerte y podía sobrevivir en lugares áridos y secos. Solo se han hallado fósiles en el norte y el sur de Pangea, pero es probable que viviera por toda esta región.

Patas hacia fuera
A diferencia de la mayoría de los mamíferos modernos, sus extremidades sobresalían hacia fuera, como las de los reptiles.

Madrigueras
Los fósiles muestran que se refugiaba en madrigueras, probablemente para escapar del calor durante el día y del frío durante la noche.

Cuerpo voluminoso
Como el resto de los dicinodontes, tenía un gran cuerpo en forma de barril. Su largo intestino le permitía digerir las plantas más duras.

PROBABLEMENTE USABA SUS DOS COLMILLOS

PANGEA

Isleño
Las islas y penínsulas del noreste de Pangea en la actualidad forman parte de China, donde se han hallado fósiles de listrosaurio.

OCÉANO ATLÁNTICO

OCÉANO ÍNDICO

OCÉANO PACÍFICO

Dos dientes
La palabra dicinodonte significa «dos dientes caninos». La mayoría de los dicinodontes solo tenían dos dientes, los caninos superiores en forma de colmillo.

Cráneo de listrosaurio

Boca roma
La boca terminaba en una dura superficie córnea, con la que podía morder hojas y tallos duros.

OCÉANO PANTALÁSICO

Variedad
Habitó lo que conocemos como la India, Sudáfrica y la Antártida.

Giraffatitan

Este gigante africano sobresalía por encima del resto de los dinosaurios de finales del Jurásico. Medía 20 m de largo y sostenía su cabeza a 12 m del suelo, lo que le permitía alcanzar plantas a las que no llegaba ningún otro herbívoro.

AMÉRICA DEL SU

Formación de los Andes
En ese tiempo se estaban formando los Andes y las placas oceánicas se movían por debajo de Sudamérica.

Largo cuello
Se desconoce el número de huesos que formaban su cuello, pero se cree que eran unos 13, casi el doble que los de una jirafa. Los investigadores creen que los pequeños músculos del cuello ayudaban a bombear la sangre hasta su cabeza.

Fósil del hueso del cuello

Patas largas
Sus patas anteriores eran más largas que las posteriores, lo que le daba más altura para alimentarse.

PARA NUTRIR SU

Mordisco de cizalla
El desgaste de sus dientes parece indicar que arrancaba las hojas en vez de cortarlas.

Ecosistema de Tendaguru

El *Giraffatitan*, hallado en Tendaguru, Tanzania, vivía en hábitats de interior ricos en coníferas hace unos 154-142 millones de años. Más cerca de la costa podían encontrarse lagunas de agua salada, pero desde el punto de vista alimenticio no tenían nada que ofrecer a estos gigantes.

ÁFRICA

Gran hallazgo
En una expedición a Tendaguru entre 1909 y 1913 se hallaron 225 toneladas de huesos de dinosaurio, algunos de *Giraffatitan*.

Sin océano Atlántico
En esta época, Sudamérica y África seguían unidas, pero empezaban a separarse, fragmentando poco a poco esta vieja masa continental.

Sacos pulmonares
El complejo sistema de sacos pulmonares de sus vértebras aligeraba el peso de su cuello.

Herbívoros muy pesados

Estimaciones recientes sugieren que pesaban unas 30 toneladas, el equivalente a unos cinco elefantes africanos actuales.

MAR DE TETIS

OCÉANO ATLÁNTICO
OCÉANO PACÍFICO
OCÉANO ÍNDICO

Cola sustentadora
Con los músculos de la cola, unidos a los muslos, podía andar rápido.

CUERPO, COMÍA HASTA 110 KG DE MATERIA VEGETAL AL DÍA.

Cerca del agua
Probablemente vagara cerca de
los bosques amantes del agua
de su zona de distribución.

Á F R I C A

Lomo en forma de vela
Las vértebras de su espalda se
prolongaban formando una vela
característica, que tal vez usaba
para exhibirse.

Cráneo de Spinosaurus

Cazador acuático

Su mandíbula estrecha, sus
dientes cónicos y la posición
retrasada de sus fosas nasales
sugieren que era un experto
cazando peces. El análisis
químico de sus dientes
muestra que se parecían
mucho a los de los reptiles
semiacuáticos actuales,
como los cocodrilos.

Spinosaurus

Con 15 m de largo, es el terópodo más grande que se conoce. Vagaba por el norte de África hace 90-75 millones de años. El primer ejemplar que se encontró se perdió durante la Segunda Guerra Mundial, por lo que durante mucho tiempo este depredador estuvo rodeado de un halo de misterio.

Hallazgos fósiles
Se alimentaba básicamente de peces. El resto de los fósiles hallados en lo que hoy ocupa el norte de África son de carnívoros. En esta zona se han hallado muy pocos restos de dinosaurios herbívoros.

OCÉANO ATLÁNTICO

OCÉANO PACÍFICO

OCÉANO ÍNDICO

¿Buen nadador?
Los primeros análisis sugerían que pasaba la mayor parte del tiempo en el agua. Estudios recientes indican que no era un buen nadador. Modelos informáticos desarrollados por expertos muestran que no podía sumergirse y que no nadaba mejor que cualquier otro terópodo. El debate sigue abierto.

Cresta nasal
Tenía una pequeña cresta en abanico sobre el morro, que debía de usar para exhibirse.

Cuello flexible
Gracias a su cuello flexible podía atacar rápidamente, tanto en el agua como en tierra firme.

Mandíbula larga
Su cráneo medía unos 2 m y tenía grandes dientes en la parte delantera, para ensartar a las presas.

Patas cortas
Seguramente tenía unas patas relativamente cortas.

Pescado para cenar

Un pobre pez pulmonado ha sido capturado por un *Spinosaurus* que merodeaba por la orilla en busca de presas. El dinosaurio se llevará a su presa a un lugar más apartado, a una distancia prudencial de la atenta mirada del *Elosuchus*, pariente lejano del cocodrilo.

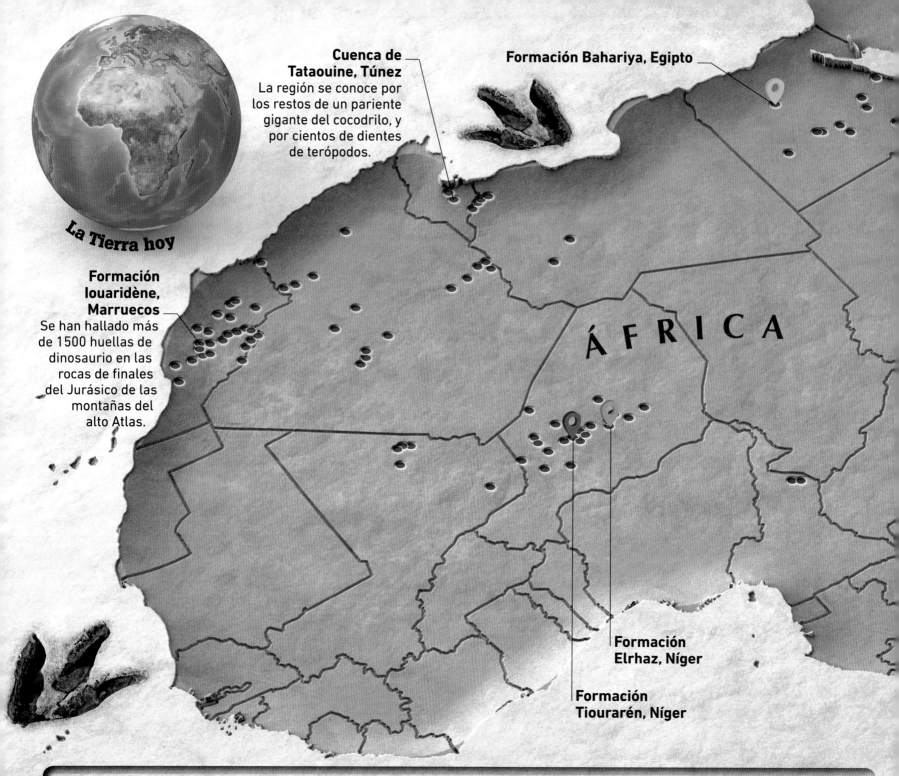

Cuenca de Tataouine, Túnez
La región se conoce por los restos de un pariente gigante del cocodrilo, y por cientos de dientes de terópodos.

Formación Bahariya, Egipto

La Tierra hoy

Formación Iouaridène, Marruecos
Se han hallado más de 1500 huellas de dinosaurio en las rocas de finales del Jurásico de las montañas del alto Atlas.

Á F R I C A

Formación Elrhaz, Níger

Formación Tiourarén, Níger

Principales yacimientos

Formación Bahariya, Egipto (Cretácico).
Principales hallazgos: *Paralititan, Aegyptosaurus, Spinosaurus, Carcharodontosaurus*

Formación Tiourarén, Níger (Cretácico).
Principales hallazgos: *Jobaria, Afrovenator*

Formación Elrhaz, Níger (Cretácico).
Principales hallazgos: *Suchomimus, Nigersaurus, Ouranosaurus*

Formación de arenisca Bushveld, Sudáfrica (Triásico).
Principal hallazgo: *Massospondylus*

Formación Upper Kirkwood, Sudáfrica (Cretácico).
Principales hallazgos: *Nqwebasaurus, Paranthodon*

Formación Tendaguru, Tanzania (Jurásico).
Principales hallazgos: *Giraffatitan, Kentrosaurus, Elaphrosaurus*

Formaciones calcáreas en el Desierto Blanco, rico en fósiles junto al oasis de Bahariya, Egipto.

Yacimientos

África

África tiene un rico patrimonio fósil, pero aún se desconocen muchas cosas de la prehistoria del continente. La fiebre por los fósiles que se desató a principios del siglo XX quedó interrumpida por las dos guerras mundiales. Hace poco que los paleontólogos han empezado de nuevo a buscar indicios de vida primitiva en las rocas de África.

Estructura de arenisca Lubur, Kenia
Se han hallado huesos de distintos reptiles cretácicos, entre ellos dinosaurios, en esta estructura de rocas de 500 m de grosor.

Formación Tendaguru, Tanzania

Formación Maevarano, Madagascar
Entre sus increíbles fósiles cretácicos están el depredador terópodo *Majungasaurus* y el gigante «sapo del infierno» *Beelzebufo*.

LEYENDA

🔴 Yacimiento de fósiles de dinosaurio

Formación de arenisca Bushveld, Sudáfrica

Formación Elliot, Sudáfrica
Sus rocas datan de entre finales del Triásico y principios del Jurásico, y son famosas porque esconden muchas especies de dinosaurios primitivos.

Spinosaurus
Se han hallado restos del terópodo gigante *Spinosaurus* en las rocas cretácicas del norte de África. El primer ejemplar, hallado en 1915, quedó destruido durante la Segunda Guerra Mundial.

Formación Upper Kirkwood, Sudáfrica

ASIA

Lagarto loro
El *Psittacosaurus* era un pequeño dinosaurio con plumas parecido a un loro. Este herbívoro era común en Asia a principios del Cretácico.

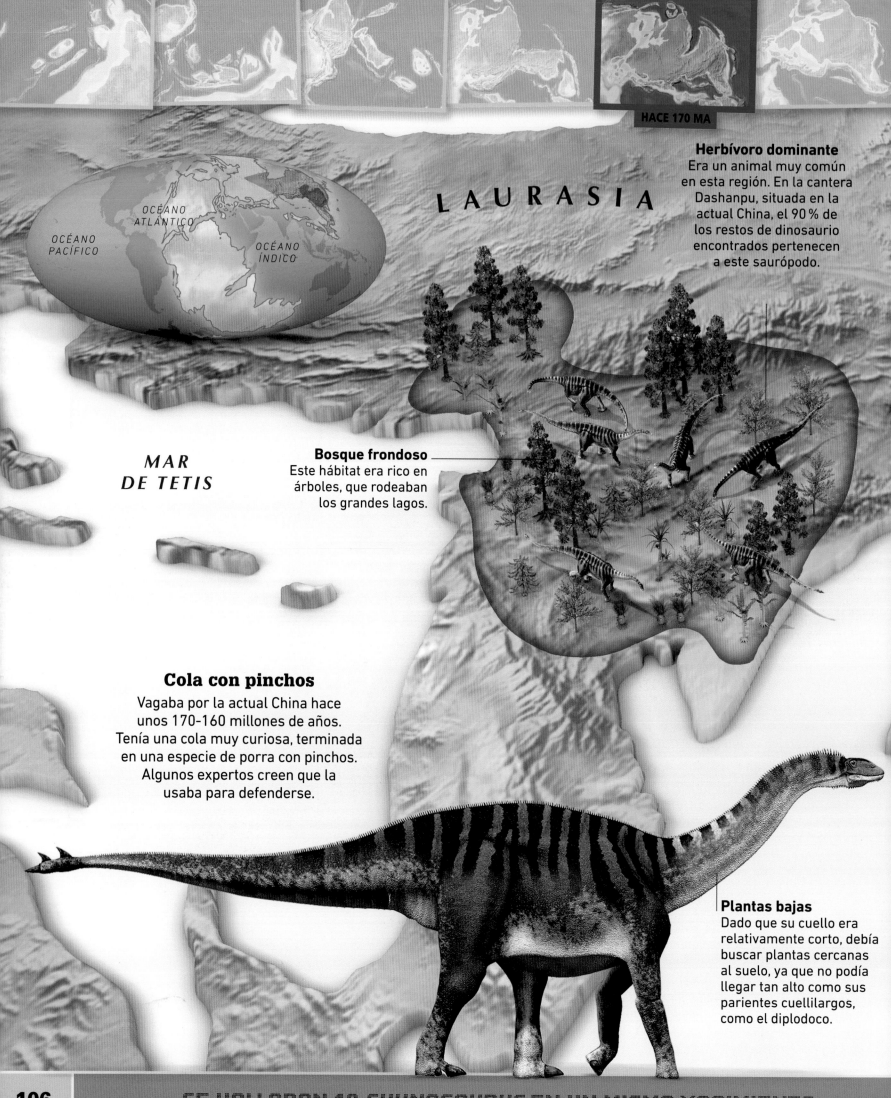

Herbívoro dominante
Era un animal muy común en esta región. En la cantera Dashanpu, situada en la actual China, el 90 % de los restos de dinosaurio encontrados pertenecen a este saurópodo.

LAURASIA

OCÉANO
ATLÁNTICO

OCÉANO
PACÍFICO

OCÉANO
ÍNDICO

MAR
DE TETIS

Bosque frondoso
Este hábitat era rico en árboles, que rodeaban los grandes lagos.

Cola con pinchos
Vagaba por la actual China hace unos 170-160 millones de años. Tenía una cola muy curiosa, terminada en una especie de porra con pinchos. Algunos expertos creen que la usaba para defenderse.

Plantas bajas
Dado que su cuello era relativamente corto, debía buscar plantas cercanas al suelo, ya que no podía llegar tan alto como sus parientes cuellilargos, como el diplodoco.

SE HALLARON 10 *SHUNOSAURUS* EN UN MISMO YACIMIENTO,

Shunosaurus

Su cuerpo de 10 m de largo puede parecer enorme, pero era pequeño comparado con sus parientes saurópodos gigantes. Este dinosaurio, que pesaba unas 3 toneladas, vagaba por praderas y bosques en busca de plantas para comer.

Cola armada
Las dos filas de pinchos de 5 cm, llamados osteodermos, situadas sobre el extremo de la cola en forma de porra, debían ahuyentar a más de un depredador.

Diseñado para comer plantas
A la vista de su cráneo alto y sus dientes largos, los paleontólogos piensan que sus mandíbulas funcionaban como unas tijeras de podar capaces de cortar ramas.

Esqueleto de *Shunosaurus*

En crecimiento
El análisis de los huesos de sus patas muestra que seguía creciendo incluso de adulto.

AHOGADOS EN UNA INUNDACIÓN.

Plumas de la cola
Estas estructuras pueden estar relacionadas con las plumas de los pájaros actuales.

Cerebro grande
El gran tamaño de su cerebro sugiere que era capaz de conductas complejas, como cuidar de sus crías.

OCÉANO ÁRTICO

Cuernos en las mejillas
Los cuernos de sus mejillas crecían con la edad, lo que sugiere que debían usarlos para atraer a su pareja.

Vida en familia
Se han hallado cientos de ejemplares, desde crías recién nacidas hasta adultos. Uno de los ejemplares se encontró junto a 34 crías, lo que sugiere que cuidaba de ellas.

OCÉANO ATLÁNTICO

OCÉANO PACÍFICO

OCÉANO ÍNDICO

AL PARECER, REUNÍAN A SUS CRÍAS

Psittacosaurus

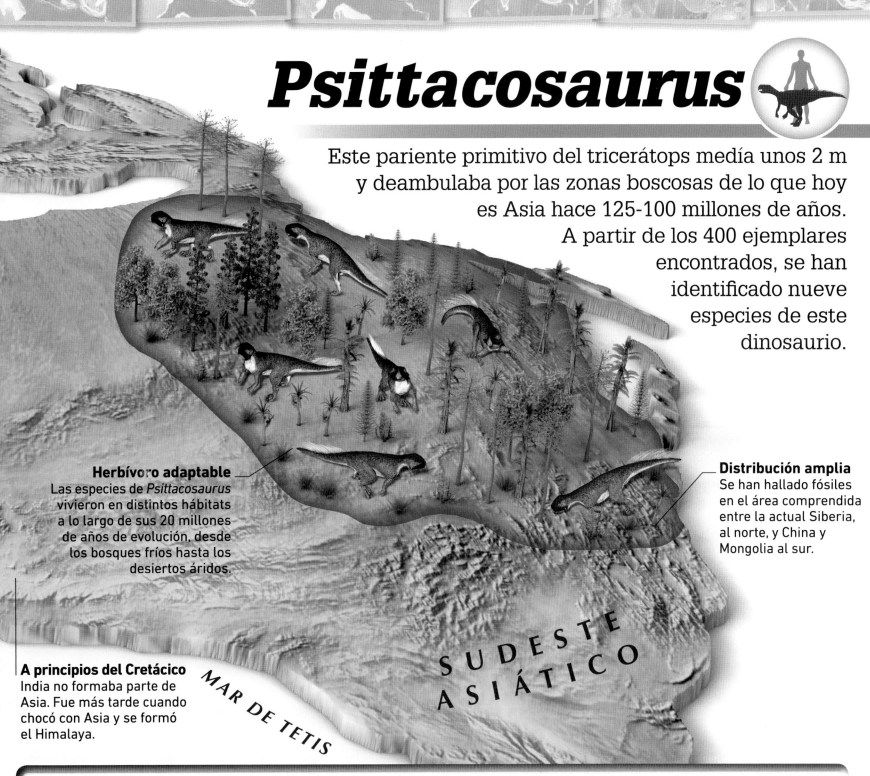

Este pariente primitivo del triceratops medía unos 2 m y deambulaba por las zonas boscosas de lo que hoy es Asia hace 125-100 millones de años. A partir de los 400 ejemplares encontrados, se han identificado nueve especies de este dinosaurio.

Herbívoro adaptable
Las especies de *Psittacosaurus* vivieron en distintos hábitats a lo largo de sus 20 millones de años de evolución, desde los bosques fríos hasta los desiertos áridos.

Distribución amplia
Se han hallado fósiles en el área comprendida entre la actual Siberia, al norte, y China y Mongolia al sur.

A principios del Cretácico
India no formaba parte de Asia. Fue más tarde cuando chocó con Asia y se formó el Himalaya.

MAR DE TETIS

SUDESTE ASIÁTICO

Perfecta conservación

Por el estudio de un ejemplar muy bien conservado hallado en China se sabe que algunas especies de *Psittacosaurus* tenían el lomo marrón y el vientre de color claro, una forma de camuflaje llamada contracoloración.

Plumas de la cola

Huesos bien conservados

Contenido estomacal

Lagarto loro

Psittacosaurus significa «lagarto loro» y hace referencia a su boca, parecida a la de los loros. Debía de usarla para cortar las plantas, que desmenuzaba a continuación con sus dientes, pequeños y afilados.

Depredador con pelaje

Estaba en lo más alto de la cadena alimenticia y probablemente se alimentaba de la variada fauna de Asia a principios del Cretácico, que incluía pequeños ornitisquios como el *Psittacosaurus*.

Cráneo grande
Su cráneo medía 90 cm de largo, se parecía al de los tiranosaurios posteriores y albergaba unos gruesos dientes en forma de plátano.

Pelaje crespo
Las plumas que cubrían su cuerpo eran largas, parecidas al pelo y formaban una capa tupida.

OCÉANO ATLÁNTICO

OCÉANO PACÍFICO

OCÉANO ÍNDICO

Manos con tres garras
Sus brazos y garras eran en proporción más largos que los de los tiranosaurios posteriores. Es posible que los usara para atrapar a sus presas.

Tiranosaurio pesado
Pesaba alrededor de una tonelada, por lo que era considerablemente más grande que la mayoría de los tiranosaurios primitivos.

Herramienta adicional
Debía de usar sus grandes patas para sujetar el cuerpo de sus presas mientras le arrancaba trozos de carne con los dientes.

UNA CRESTA CARACTERÍSTICA,

Yutyrannus

Este tiranosaurio de 9 m de largo vivió en Asia en el Cretácico, hace unos 125 millones de años. Se caracteriza por la tupida capa de plumas que le cubría el cuerpo y que lo convierte en uno de los dinosaurios con plumas más grandes que se conocen.

Temporada seca
La zona solía ser húmeda, pero existen pruebas de que con el tiempo los niveles de agua disminuyeron y la región se volvió más seca.

Vasto continente
La zona por la que se cree que vagaba cubre grandes áreas de lo que hoy se conoce como China.

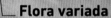

A S I A

Flora variada
La variada flora, que incluía coníferas y plantas más pequeñas, servía de sustento a un gran número de animales, que a su vez servían de alimento al *Yutyrannus*.

Cola larga
Como en el caso de otros tiranosaurios, la pesada cola le ayudaba a mantener el equilibrio.

Tirano con plumas

Los paleontólogos creen que sus plumas, que podían alcanzar 20 cm de largo, quizá le ayudaban a regular su temperatura corporal. Con una temperatura media del aire de unos 10 °C, le ayudaban a mantenerse caliente durante los fríos meses invernales.

Cara reconstruida de un *Yutyrannus*

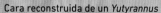

Ataque sorpresa

Un gran *Yutyrannus* sale de su escondite y clava sus dientes de sierra en el cuerpo de un *Beipiaosaurus* herbívoro. Mientras tanto, dos *Psittacosaurus* aprovechan la confusión para escapar y refugiarse en el bosque.

Articulación plegable
Las alas se doblaban por la articulación, evitando que se dañaran al arrastrarlas por el suelo.

Plumaje reluciente
El estudio de los pigmentos hallados en las plumas fosilizadas reveló que eran negras y relucientes. Debían de parecerse mucho a las de algunos pájaros actuales, como los estorninos.

Vuelo propulsado
Parece que era capaz de propulsarse desde el suelo para recorrer pequeñas distancias.

Dieta mixta
El *Microraptor*, que vivió hace unos 120 millones de años, tenía una dieta variada. El contenido fosilizado del estómago de varios de estos dinosaurios muestra que comían pequeños mamíferos, peces y una clase de pájaro ya extinto.

Plumas de la cola
Quizá no usaba estas largas plumas para volar, sino para exhibirse y atraer a su pareja.

Microraptor

Este pequeño depredador, uno de los dinosaurios más pequeños que se conocen, pesaba alrededor de 1 kg y medía unos 80 cm de largo. Tenía cuatro «alas» y todo el cuerpo cubierto de plumas, que eran especialmente largas en brazos y patas. Todos los fósiles de *Microraptor* se han hallado en la actual China.

Volador
Tenía una envergadura de unos 70 cm, lo suficiente para volar.

Conservación
En esta zona de Asia oriental había actividad volcánica. La ceniza volcánica conservó como fósiles tejidos blandos como las plumas.

Clima frío
El clima de esta región de Asia era frío, con una temperatura de unos 10 °C.

ASIA

OCÉANO ATLÁNTICO
OCÉANO PACÍFICO
OCÉANO ÍNDICO

Trampa para peces
Sus dientes eran de sierra solo por un lado, seguramente para poder sujetar a los peces.

OCÉANO
ÁRTICO

Dientes como cuchillas
Bajo su morro respingón,
tenía las mandíbulas llenas
de afilados dientes idóneos
para comer carne.

Garra asesina
Situada en el segundo dedo
de cada pie, medía 6,5 cm
de largo y nunca tocaba
el suelo, de modo que se
mantenía afilada. Debía de
usarla para sujetar la presa
mientras esta forcejeaba.

Garra fosilizada de *Velociraptor*.

Muñeca plegable
Su muñeca, como
las de los pájaros,
podía doblarse
para evitar que
las plumas largas
se arrastraran
por el suelo.

Velociraptor

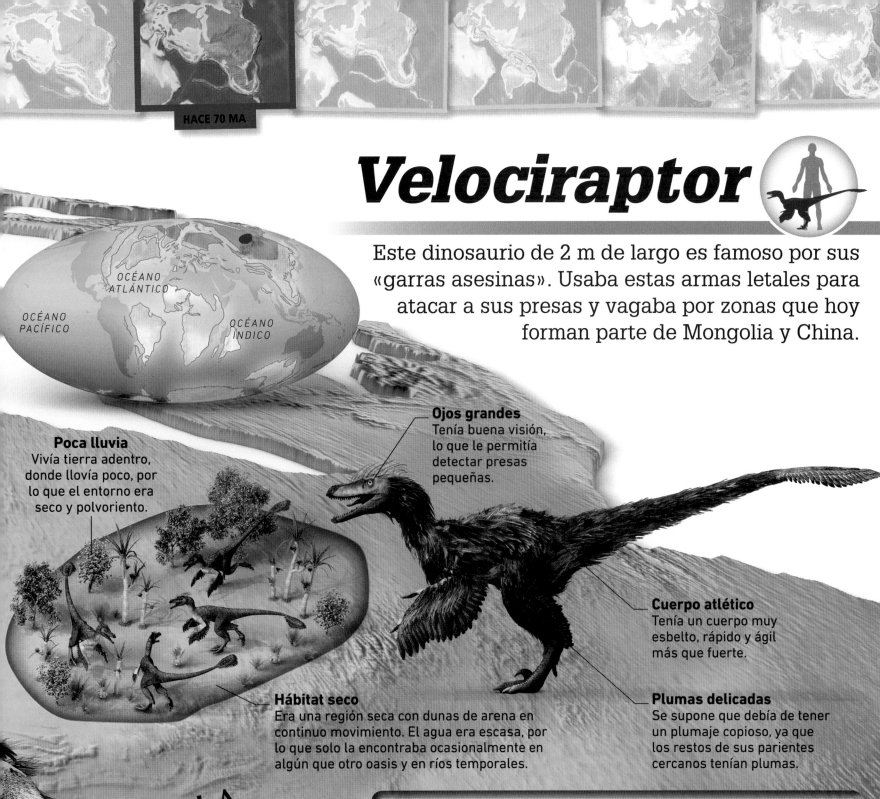

Este dinosaurio de 2 m de largo es famoso por sus «garras asesinas». Usaba estas armas letales para atacar a sus presas y vagaba por zonas que hoy forman parte de Mongolia y China.

Ojos grandes
Tenía buena visión, lo que le permitía detectar presas pequeñas.

Poca lluvia
Vivía tierra adentro, donde llovía poco, por lo que el entorno era seco y polvoriento.

Cuerpo atlético
Tenía un cuerpo muy esbelto, rápido y ágil más que fuerte.

Hábitat seco
Era una región seca con dunas de arena en continuo movimiento. El agua era escasa, por lo que solo la encontraba ocasionalmente en algún que otro oasis y en ríos temporales.

Plumas delicadas
Se supone que debía de tener un plumaje copioso, ya que los restos de sus parientes cercanos tenían plumas.

ASIA

Atrapado en el tiempo

Se halló un ejemplar de *Velociraptor* que había muerto en plena pelea. Su esqueleto estaba entrelazado con el de un *Protoceratops* herbívoro. Seguramente los mató y enterró una duna de arena que se derrumbó sobre ellos.

Cazador mongol

El *Velociraptor* vivió hace 74-70 millones de años y, pese a ser pequeño, era un gran depredador. Sus mandíbulas tenían más de 60 dientes, que eran más serrados en uno de los lados. Eso le permitía desgarrar los músculos más fuertes.

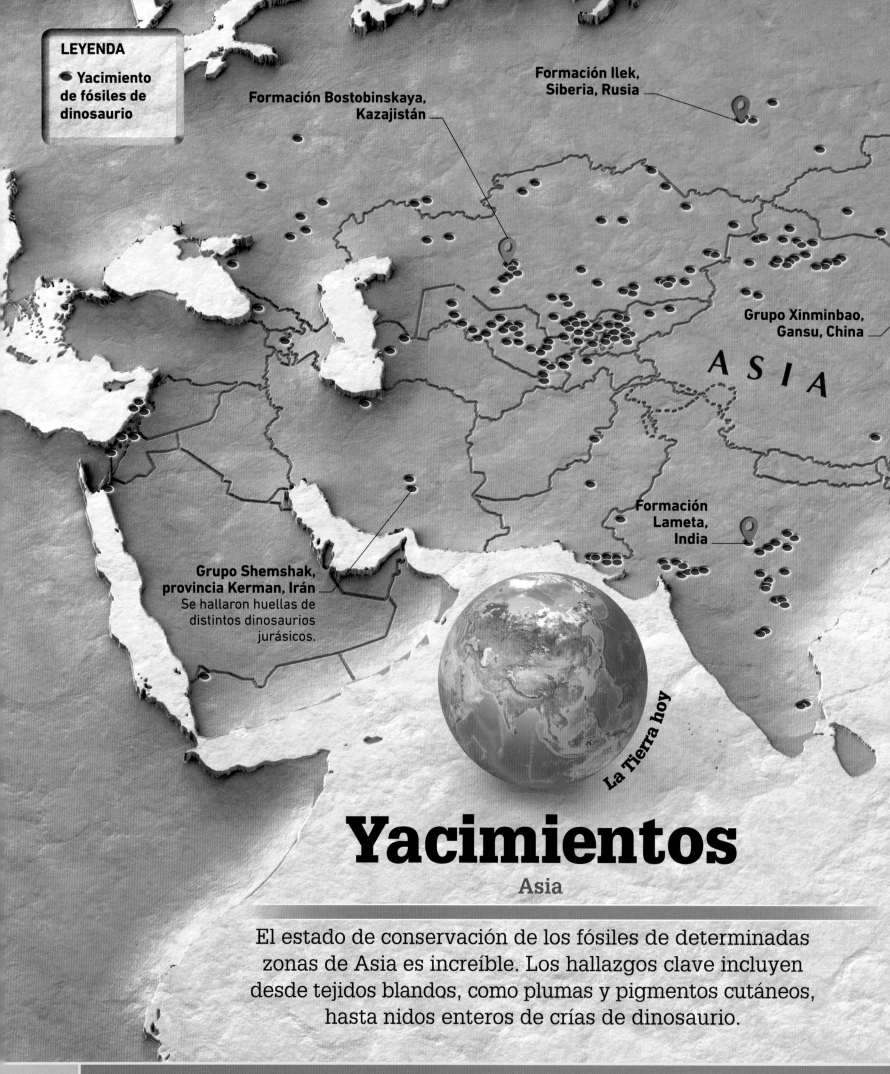

Formación Ilek,
Siberia, Rusia

Formación Bostobinskaya,
Kazajistán

Grupo Xinminbao,
Gansu, China

A S I A

Formación
Lameta,
India

Grupo Shemshak,
provincia Kerman, Irán
Se hallaron huellas de
distintos dinosaurios
jurásicos.

La Tierra hoy

Yacimientos

Asia

El estado de conservación de los fósiles de determinadas
zonas de Asia es increíble. Los hallazgos clave incluyen
desde tejidos blandos, como plumas y pigmentos cutáneos,
hasta nidos enteros de crías de dinosaurio.

**Formación Djadochta,
desierto de Gobi,
Mongolia**

**Formación
Yuliangze,
Jilin, China**

**Región del
río Amur, Rusia**

**Formación
Kitadani,
provincia
Fukui, Japón**
Se hallaron
restos de
distintos
dinosaurios
cretácicos.

**Formación
Yixian,
provincia
Liaoning,
China**

**Formación
Nemegt,
desierto
de Gobi,
Mongolia**

**Formación
Laijia, China**
Se hallaron muchos
huevos fosilizados
de dinosaurio.

**Formación
Dashanpu,
Sichuan, China**
Se han hallado restos
de saurópodos que
datan del Jurásico.

**Formación Lufeng,
Yunnan, China**
Estas rocas de
principios del Jurásico
conservaron muchas
especies de
sauropodomorfos
y terópodos.

**Formación
Sao Khua, Tailandia**

Protoceratops
Los fósiles de este pequeño
ceratopsio son habituales en las rocas de
finales del Cretácico de Mongolia. No tenía los
cuernos propios de algunos de sus parientes,
pero disponía de un gran volante en el cuello.

Principales yacimientos

Formación Bostobinskaya, Kazajistán
(Cretácico).
Principales hallazgos: *Arstanosaurus, Batyrosaurus*

Formación Ilek, Siberia, Rusia (Cretácico).
Principales hallazgos: *Sibirotitan, Psittacosaurus*

Formación Nemegt, desierto de Gobi,
Mongolia (Cretácico).
Principales hallazgos: *Tarbosaurus, Avimimus,
Conchoraptor, Zanabazar, Deinocheirus,
Saichania, Saurolopus, Nemegtosaurus*

Formación Djadochta, desierto de Gobi,
Mongolia (Cretácico).
Principales hallazgos: *Oviraptor, Citipati, Velociraptor,
Byronosaurus, Plesiohadros, Protoceratops*

Región del río Amur, Rusia (Cretácico).
Principal hallazgo: *Kundurosaurus*

Formación Yuliangze, provincia Jilin, China
(Cretácico).
Principales hallazgos: *Charonosaurus, Wulagasaurus*

Formación Yixian, provincia Liaoning, China
(Cretácico).
Principales hallazgos: *Beipiaosaurus, Microraptor,
Psittacosaurus*

Grupo Xinminbao, Gansu, China (Cretácico).
Principales hallazgos: *Gobititan, Equijubus,
Microceratus, Archaeoceratops*

Formación Lameta, India (Cretácico).
Principales hallazgos: *Indosuchus, Isisaurus,
Jainosaurus.*

Formación Sao Khua, Tailandia (Cretácico).
Principal hallazgo: *Phuwiangosaurus*

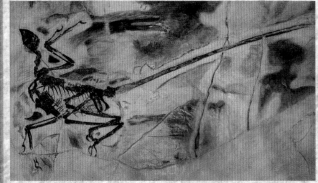

Este esqueleto de *Microraptor* de principios del Cretácico
se encontró en la provincia de Liaoning, en China.

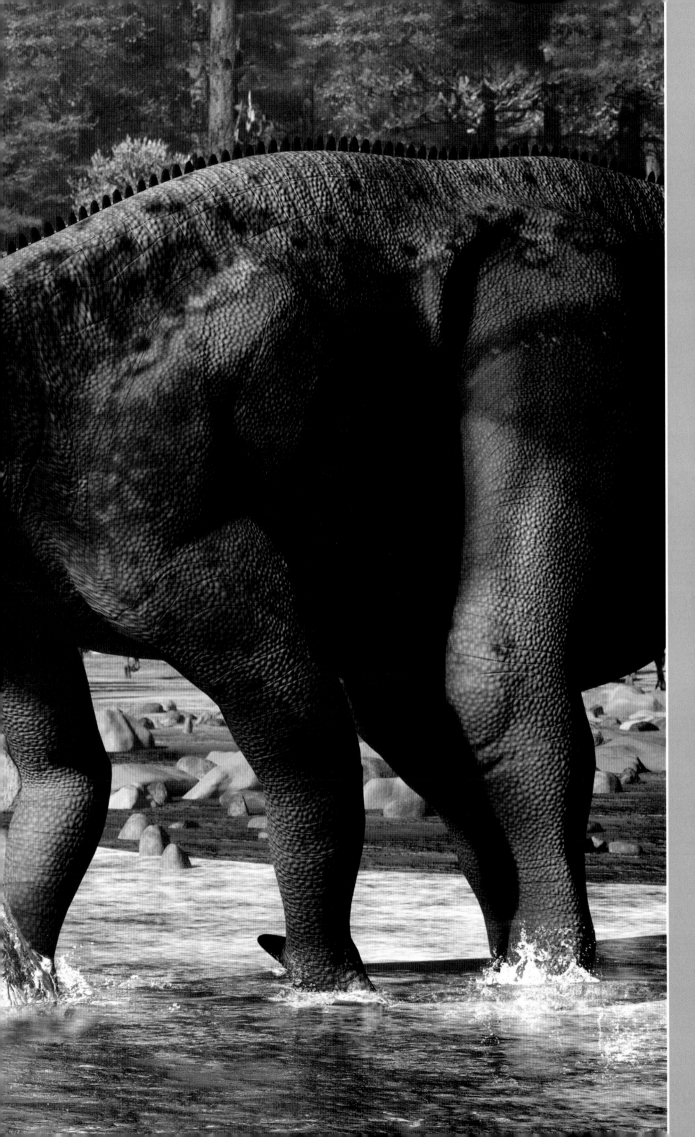

AUSTRALIA Y LA ANTÁRTIDA

Herbívoro gigante
El *Muttaburrasaurus*, un herbívoro de fuerte complexión con un morro singular, andaba en busca de comida hace 100 millones de años. Vagaba por la mayor parte del territorio que hoy conocemos con el nombre de Australia.

Cerebro pequeño
Los datos sugieren que su cerebro era bastante primitivo, comparado con el de los alosaurios y los tiranosaurios posteriores, más inteligentes.

Posible depredador
Los expertos se dieron cuenta de que el primer ejemplar hallado no había alcanzado la edad adulta. Así pues, un adulto mediría más de 7 m de largo y sería capaz de cazar presas grandes.

Dientes de sierra
Sus dientes en forma de cuchilla eran idóneos para desgarrar la carne, aunque seguramente no podían clavarse en el hueso.

Cryolophosaurus

Los terópodos depredadores de principios del Jurásico no solían ser mucho mayores que el *Cryolophosaurus*, de 7 m de largo. Famoso por su cresta, era el principal depredador de la Antártida y cazaba por sus bosques hace 170 millones de años.

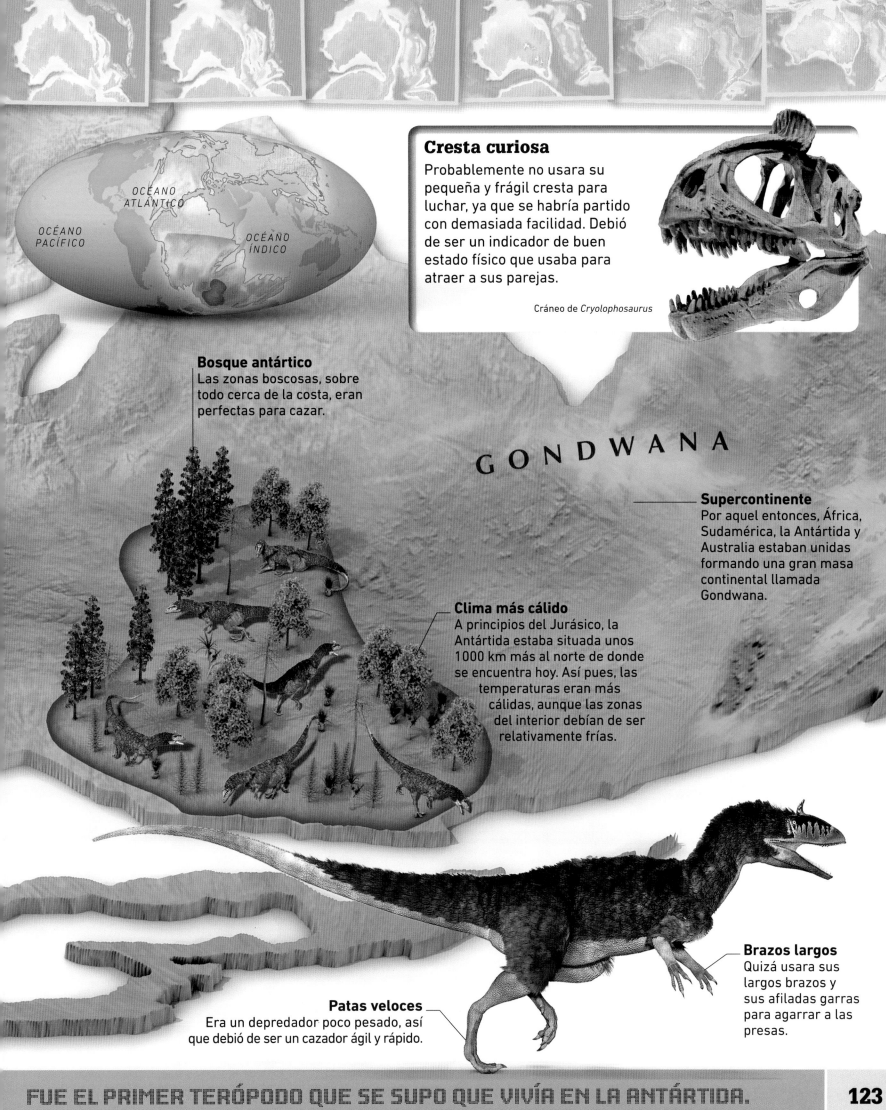

Cresta curiosa

Probablemente no usara su pequeña y frágil cresta para luchar, ya que se habría partido con demasiada facilidad. Debió de ser un indicador de buen estado físico que usaba para atraer a sus parejas.

Cráneo de *Cryolophosaurus*

OCÉANO ATLÁNTICO

OCÉANO PACÍFICO

OCÉANO ÍNDICO

Bosque antártico

Las zonas boscosas, sobre todo cerca de la costa, eran perfectas para cazar.

G O N D W A N A

Supercontinente

Por aquel entonces, África, Sudamérica, la Antártida y Australia estaban unidas formando una gran masa continental llamada Gondwana.

Clima más cálido

A principios del Jurásico, la Antártida estaba situada unos 1000 km más al norte de donde se encuentra hoy. Así pues, las temperaturas eran más cálidas, aunque las zonas del interior debían de ser relativamente frías.

Brazos largos

Quizá usara sus largos brazos y sus afiladas garras para agarrar a las presas.

Patas veloces

Era un depredador poco pesado, así que debió de ser un cazador ágil y rápido.

Un buen descubrimiento

Para este *Cryolophosaurus* ha sido un buen verano. Aprovechando al máximo el sol y las cálidas temperaturas, ha encontrado en un lago el cadáver de un *Glacialisaurus*. La energía que obtendrá al comérselo será inestimable, ya que se avecina el largo y frío invierno.

Muttaburrasaurus

Este herbívoro de 8 m de largo es uno de los dinosaurios que mejor se conocen de entre todos los hallados en las rocas pobres en fósiles de Australia. Vivió hace 112-100 millones de años en las regiones sudorientales del supercontinente Gondwana.

Cráneo ancho
El ancho cráneo sujetaba los fuertes músculos que movían la mandíbula y le ayudaban a desmenuzar la comida.

Hallazgo famoso
Los primeros fósiles de este enorme ornitópodo se hallaron en 1963 y fueron bautizados con el nombre de Muttaburra porque así se llamaba una localidad cercana del estado australiano de Queensland.

Morro fuerte
Con su morro afilado cortaba las hojas, que luego masticaba en sus grandes carrillos.

Morro peculiar
Los huesos de su morro formaban una protuberancia hueca. Algunos expertos creen que servía para amplificar los reclamos, mientras que otros opinan que tenía un saco hinchable parecido al de algunas focas modernas.

Saco hinchable

Foca capuchina macho

Dieta cretácica
Su dieta debía de consistir en helechos y cícadas.

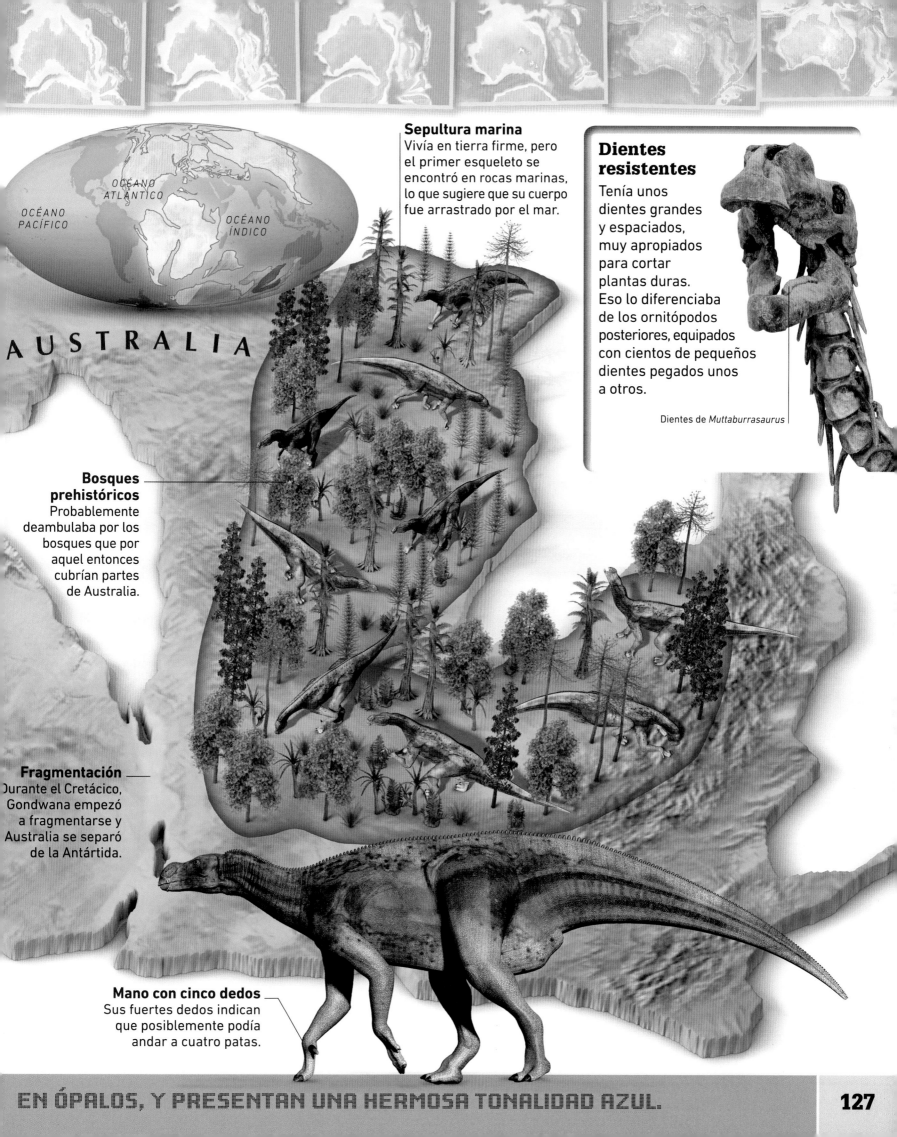

Sepultura marina
Vivía en tierra firme, pero el primer esqueleto se encontró en rocas marinas, lo que sugiere que su cuerpo fue arrastrado por el mar.

Dientes resistentes
Tenía unos dientes grandes y espaciados, muy apropiados para cortar plantas duras. Eso lo diferenciaba de los ornitópodos posteriores, equipados con cientos de pequeños dientes pegados unos a otros.

Dientes de *Muttaburrasaurus*

OCÉANO ATLÁNTICO
OCÉANO PACÍFICO
OCÉANO ÍNDICO

AUSTRALIA

Bosques prehistóricos
Probablemente deambulaba por los bosques que por aquel entonces cubrían partes de Australia.

Fragmentación
Durante el Cretácico, Gondwana empezó a fragmentarse y Australia se separó de la Antártida.

Mano con cinco dedos
Sus fuertes dedos indican que posiblemente podía andar a cuatro patas.

Mar de Eromanga
Por aquel entonces, la mayor parte del interior de Australia estaba cubierta por un mar poco profundo que albergaba distintos reptiles marinos gigantes. Actualmente, esta zona del centro y el noreste es mayoritariamente árida.

Mar de Eromanga

AUSTRALIA

Bosques polares
Los árboles de hoja perenne que cubrían las regiones meridionales más cercanas al polo sur sobrevivieron a las frías temperaturas y a la escasez de luz.

Vulcanismo
El actual territorio de Australia oriental estuvo cubierto por una capa de magma y ceniza como consecuencia de la actividad volcánica.

ANTÁRTIDA

Cola larga
Su cola tenía más de 70 vértebras, pero era más flexible que la de sus parientes de mayor tamaño.

Morro afilado
Su morro, como el de un pájaro era perfecto para cortar la vegetación baja, como los helechos o la cola de caballo.

OCÉANO ATLÁNTICO

OCÉANO PACÍFICO

OCÉANO ÍNDICO

Corredor muy ágil
Gracias a su bajo centro de gravedad y a su cola flexible podía correr muy deprisa por el bosque, tal vez para huir de sus depredadores.

LOS PALEONTÓLOGOS CREEN QUE LOS HUESOS ENCONTRADOS SON DE

Visión excelente
Sus grandes ojos debían de permitirle ver bien durante los oscuros meses invernales.

Especialista polar
Los expertos no se ponen de acuerdo sobre lo duras que eran las condiciones invernales de principios del Cretácico en Australia. Con una temperatura media del aire de entre −6° y 15° C, algunos opinan que en invierno debía excavar madrigueras para refugiarse.

Cubierto de plumas
Unas estructuras parecidas a las plumas debían de mantenerle caliente durante los días fríos y oscuros.

Dinosaur Cove
En Australia se han hallado relativamente pocos fósiles, pero se han hecho algunos hallazgos importantes en Dinosaur Cove, al sudeste de Australia. Entre ellos, el primer fósil de dinosaurio del país, hallado en 1903, y el del primer *Leaellynasaura*, hallado en 1989.

Leaellynasaura

Este pequeño dinosaurio, con una cola muy larga en proporción al cuerpo, medía unos 2,5 m de largo. Era herbívoro y muy ágil. Vagaba por los bosques de lo que posteriormente se convertiría en Australia y debió de experimentar largos períodos de oscuridad dado que, hace 120-110 millones de años, esta zona se hallaba muy cerca del polo sur.

La Tierra hoy

Formación Toolebuc, Queensland, Australia

Formación Allaru, Queensland, Australia

Formación Winton, Queensland, Australia

Formación de arenisca Broome, Australia occidental
Aquí se encontraron las huellas de dinosaurio más grandes halladas hasta la fecha. Medían 1,7 m de ancho y eran de un saurópodo.

AUSTRALIA

Formación de arenisca verde Molecap, Australia occidental
En este yacimiento cerca de Perth se encontró un hueso de dinosaurio terópodo.

LEYENDA
● **Yacimiento de fósiles de dinosaurio**

Yacimientos
Australasia y la Antártida

La geología y el duro clima de Australia, la Antártida y Nueva Zelanda hacen que sea difícil encontrar fósiles de dinosaurio. Cuando se descubren algunos restos, suelen ser parciales e incompletos, de modo que a los expertos les cuesta determinar a qué animal pertenecen.

LOS FÓSILES DE LIGHTNING RIDGE, AUSTRALIA, SE HAN CONSERVADO

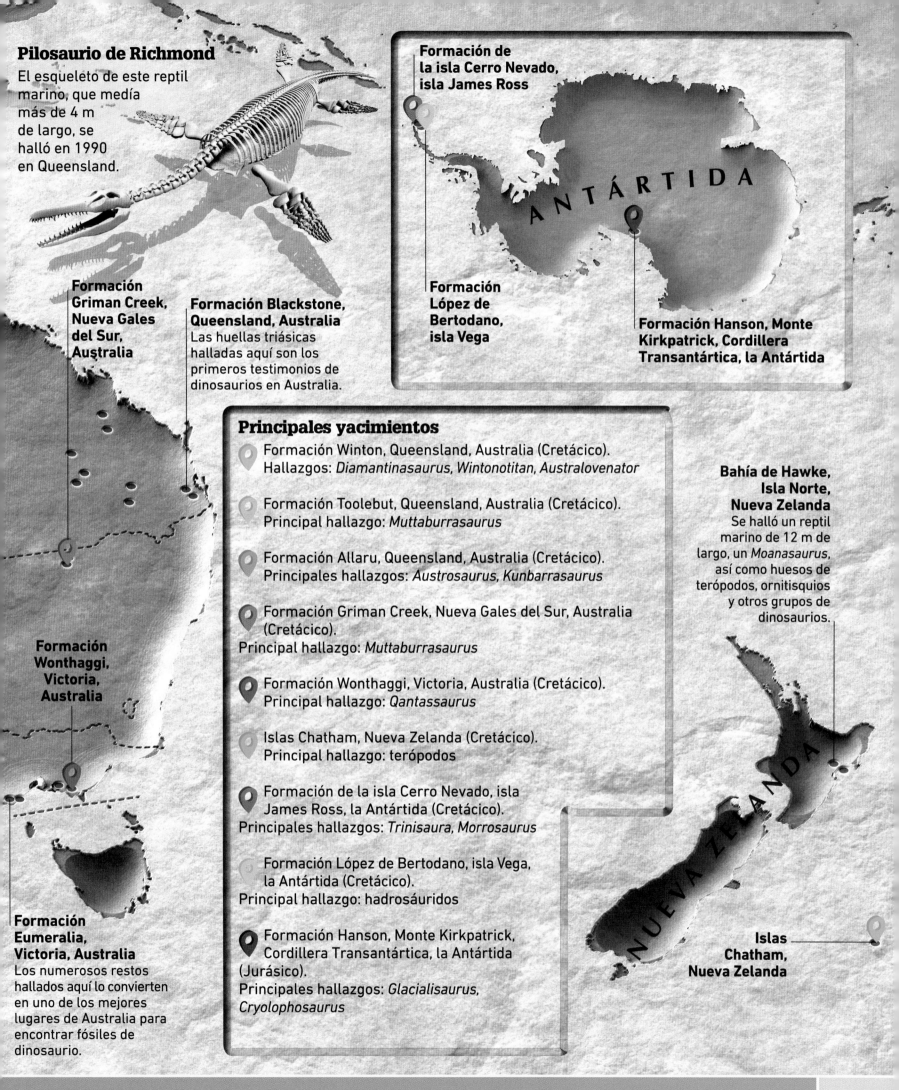

Pilosaurio de Richmond

El esqueleto de este reptil marino, que medía más de 4 m de largo, se halló en 1990 en Queensland.

Formación de la isla Cerro Nevado, isla James Ross

Formación Griman Creek, Nueva Gales del Sur, Australia

Formación Blackstone, Queensland, Australia
Las huellas triásicas halladas aquí son los primeros testimonios de dinosaurios en Australia.

Formación López de Bertodano, isla Vega

A N T Á R T I D A

Formación Hanson, Monte Kirkpatrick, Cordillera Transantártica, la Antártida

Principales yacimientos

Formación Winton, Queensland, Australia (Cretácico).
Hallazgos: *Diamantinasaurus, Wintonotitan, Australovenator*

Formación Toolebut, Queensland, Australia (Cretácico).
Principal hallazgo: *Muttaburrasaurus*

Formación Allaru, Queensland, Australia (Cretácico).
Principales hallazgos: *Austrosaurus, Kunbarrasaurus*

Formación Griman Creek, Nueva Gales del Sur, Australia (Cretácico).
Principal hallazgo: *Muttaburrasaurus*

Formación Wonthaggi, Victoria, Australia (Cretácico).
Principal hallazgo: *Qantassaurus*

Islas Chatham, Nueva Zelanda (Cretácico).
Principal hallazgo: terópodos

Formación de la isla Cerro Nevado, isla James Ross, la Antártida (Cretácico).
Principales hallazgos: *Trinisaura, Morrosaurus*

Formación López de Bertodano, isla Vega, la Antártida (Cretácico).
Principal hallazgo: hadrosáuridos

Formación Hanson, Monte Kirkpatrick, Cordillera Transantártica, la Antártida (Jurásico).
Principales hallazgos: *Glacialisaurus, Cryolophosaurus*

Formación Wonthaggi, Victoria, Australia

Bahía de Hawke, Isla Norte, Nueva Zelanda
Se halló un reptil marino de 12 m de largo, un *Moanasaurus*, así como huesos de terópodos, ornitisquios y otros grupos de dinosaurios.

N U E V A   Z E L A N D A

Formación Eumeralia, Victoria, Australia
Los numerosos restos hallados aquí lo convierten en uno de los mejores lugares de Australia para encontrar fósiles de dinosaurio.

Islas Chatham, Nueva Zelanda

DESPUÉS DE LOS DINOSAURIOS

Un mundo aún peligroso
Incluso sin tiranosaurios cerca, la vida prehistórica seguía siendo peligrosa. Aquí un antepasado del canguro rojo de Australia huye de las garras de un *Varanus priscus*, un lagarto monitor gigante.

En una mina de carbón
En la actual zona de Colombia, en una mina de carbón, se encontró una *Titanoboa* junto a numerosos animales fosilizados, incluidos algunos mamíferos.

Mar circundante
Antiguamente, Colombia estuvo rodeada y en parte cubierta por mares poco profundos.

AMÉRICA DEL SUR

Recrear un gigante
Pese a que los únicos fósiles de *Titanoboa* que se han encontrado son fragmentos de cráneo y algunas vértebras, los científicos han conseguido reconstruir el aspecto que tenía esta serpiente gigante. El escultor Kevin Hockley creó un modelo a escala natural, el que aparece en la foto, que muestra a una *Titanoboa* tragándose un reptil parecido a un cocodrilo.

Depredador voraz
Se alimentaba de peces y reptiles, y habitaba una pequeña región pantanosa.

OCÉANO PACÍFICO

Desplazamiento lento
Es probable que al igual que las boas actuales se moviera despacio, arrastrándose con los músculos del abdomen.

Amante del agua
Debía de pasar la mayor parte del tiempo en el agua, donde el cuerpo le pesaba menos.

Titanoboa

Hace 60 millones de años, por la zona de Sudamérica donde está hoy Colombia, en las selvas húmedas y calurosas, vivía *Titanoboa*, la serpiente más grande de todos los tiempos. Con 12 m de largo, está emparentada con la actual boa constrictor, pero su tamaño era mucho mayor.

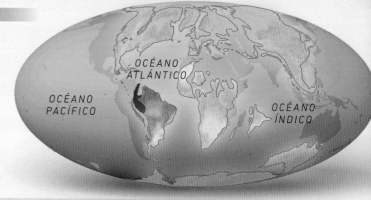

OCÉANO ATLÁNTICO
OCÉANO PACÍFICO
OCÉANO ÍNDICO

SE CREE QUE LA *TITANOBOA* ERA CASI EL DOBLE DE LARGA Y

Bosques por doquier

En la época de la *Titanoboa*, en Sudamérica abundaban las espesas selvas tropicales, al igual que en el resto de los continentes. Las selvas se extendían de un polo al otro, y las temperaturas globales eran elevadas. La Tierra se encontraba en una etapa de lo que hoy llamamos «efecto invernadero», quizá porque los gases volcánicos habían elevado la temperatura de la atmósfera.

Fuerza asfixiante
Sus poderosos músculos debían permitirle asfixiar a grandes presas enroscándose a su alrededor.

Cuerpo pesado
Pesaba más de 1100 kg, su cuerpo medía 1 m de ancho y su cabeza, 40 cm de largo.

Atrapapeces
Con sus finos dientes afilados y curvados podía pescar peces grandes.

Enorme boca

Como en casi todas las serpientes, podía abrir las mandíbulas para tragarse una presa entera. Tenía un cráneo largo y ancho, y los huesos de sus mandíbulas tenían una articulación en bisagra con una gran movilidad.

Bisagra

Mandíbula

La mandíbula de las serpientes tiene una articulación en bisagra que permite abrirla mucho.

Ligamento

Los dos lados de la mandíbula están unidos por un ligamento, que se estira al abrir la boca.

Cuello flexible
Gracias a su cuello flexible podía mirar en todas las direcciones.

Paisaje tropical
En su época, la mayor parte de Norteamérica estaba cubierta por tupidas selvas tropicales.

Lengua de tierra en el Atlántico
Europa y Norteamérica estaban unidas, por lo que los animales podían pasar de una a otra por lo que hoy es Groenlandia.

Cuello y cráneo de un *Gastornis*

Boca gigante
Los expertos creían que usaba su enorme y fuerte boca para desgarrar la carne o triturar huesos. Hoy en día se cree que la utilizaba para partir ramas, cascar frutos secos y abrir la fruta.

¿Pelo o plumas?
Suele representarse con un plumaje que parece pelo, pero es posible que tuviera plumas como las de los patos.

Caminar, no correr
Este pájaro enorme podía correr, pero no demasiado rápido. Los huesos gruesos y pesados de sus patas eran más indicados para andar.

Pariente del pato
Durante mucho tiempo se pensó que pertenecía al grupo de aves que incluía a las grullas y rascones actuales. Hoy los expertos piensan que debió de ser un pariente gigante de patos, gansos y cisnes.

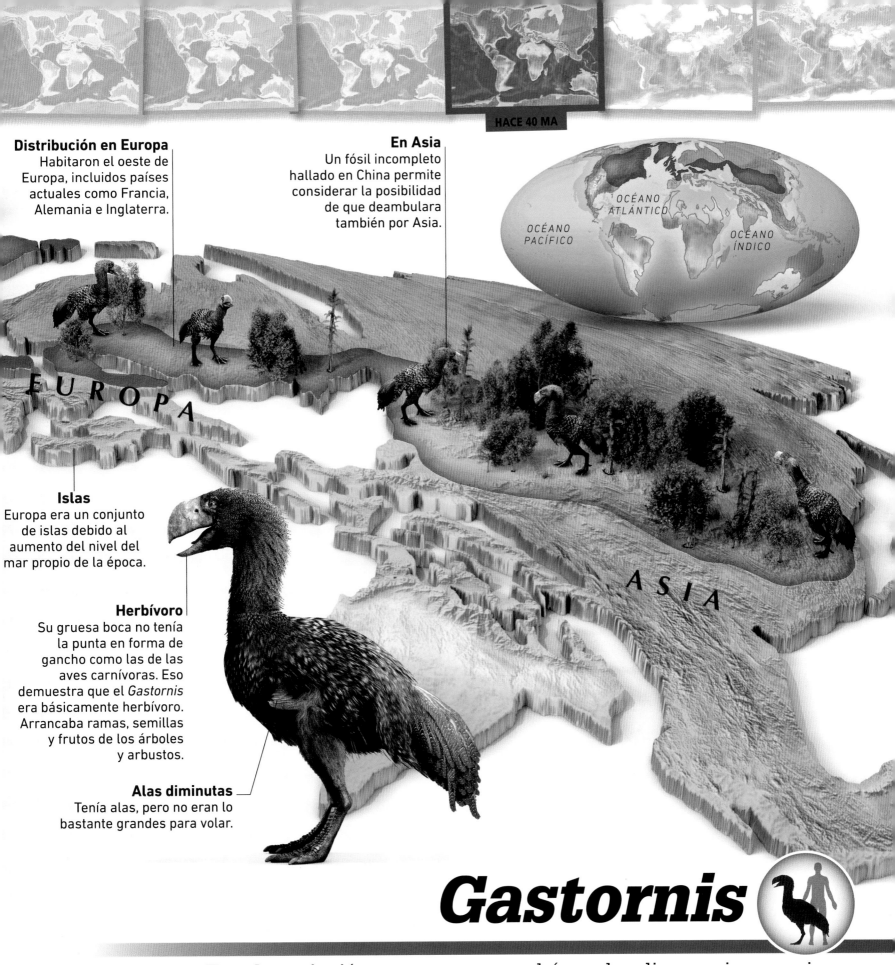

Distribución en Europa
Habitaron el oeste de Europa, incluidos países actuales como Francia, Alemania e Inglaterra.

En Asia
Un fósil incompleto hallado en China permite considerar la posibilidad de que deambulara también por Asia.

OCÉANO ATLÁNTICO

OCÉANO PACÍFICO

OCÉANO ÍNDICO

Islas
Europa era un conjunto de islas debido al aumento del nivel del mar propio de la época.

E U R O P A

Herbívoro
Su gruesa boca no tenía la punta en forma de gancho como las de las aves carnívoras. Eso demuestra que el *Gastornis* era básicamente herbívoro. Arrancaba ramas, semillas y frutos de los árboles y arbustos.

A S I A

Alas diminutas
Tenía alas, pero no eran lo bastante grandes para volar.

Gastornis

Tras la extinción en masa que acabó con los dinosaurios, surgieron nuevas variedades de aves. El *Gastornis*, una de ellas, era un ave no voladora enorme que vivió en Europa y América del Norte hace 56-40 millones de años. Medía 2 m de alto y tenía un cráneo muy grande.

La vida en el agua
Los huesos de su oído y su cráneo, adaptados para la vida submarina, le permitían oír debajo del agua.

Dientes complejos
A diferencia de las ballenas actuales, tenía distintos tipos de dientes. Los de delante eran sencillos y cónicos, mientras que los posteriores eran triangulares e irregulares, y le ayudaban a desmenuzar la presa.

Dientes cónicos

Dientes triangulares

OCÉANO ATLÁNTICO

Costas de Norteamérica
Era habitual en el océano Atlántico, a lo largo de las cálidas aguas costeras de lo que hoy es Estados Unidos.

Depredador de superficie
El estudio de sus mandíbulas muestra que era un depredador con una mordida muy fuerte. Vivía básicamente en mares cálidos y poco profundos de Norteamérica, el norte de África, Europa y Asia.

Basilosaurus

Esta ballena, uno de los animales más grandes de su tiempo, no se parecía en nada a las actuales. Su cuerpo podía llegar a medir 18 m de largo y tenía unas extremidades posteriores diminutas con rodillas, tobillos y dedos. Cazaba peces y mamíferos marinos hace 40-34 millones de años.

Cuerpo largo
Tenía un cuerpo largo y flexible. Antiguas ilustraciones lo mostraban como una serpiente, pero al parecer no era así.

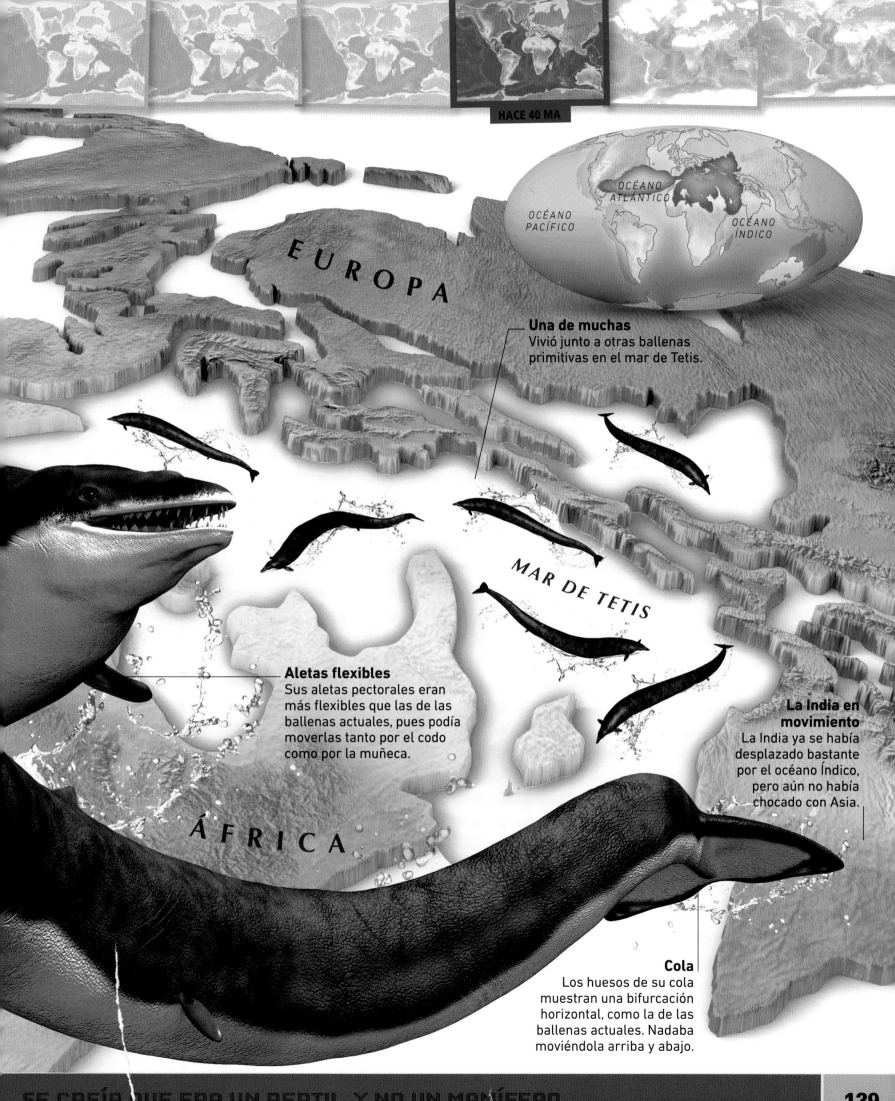

OCÉANO
ATLÁNTICO

OCÉANO
PACÍFICO

OCÉANO
ÍNDICO

EUROPA

Una de muchas
Vivió junto a otras ballenas
primitivas en el mar de Tetis.

MAR DE TETIS

Aletas flexibles
Sus aletas pectorales eran
más flexibles que las de las
ballenas actuales, pues podía
moverlas tanto por el codo
como por la muñeca.

**La India en
movimiento**
La India ya se había
desplazado bastante
por el océano Índico,
pero aún no había
chocado con Asia.

ÁFRICA

Cola
Los huesos de su cola
muestran una bifurcación
horizontal, como la de las
ballenas actuales. Nadaba
moviéndola arriba y abajo.

SE CREÍA QUE ERA UN REPTIL, Y NO UN MAMÍFERO.

Rancho La Brea
Miles de fósiles de *Smilodon* se hallaron aquí, en la actual Los Ángeles, donde este felino y sus presas quedaron atrapados en pozos naturales de brea.

Hábitat de este a oeste
Vivió en lo que hoy es Estados Unidos, desde Pensilvania en el este hasta California en el oeste.

AMÉRICA DEL NORTE

Caninos asesinos

Antes se creía que usaba sus grandes caninos superiores para clavárselos a sus víctimas. Ahora, los expertos opinan que los utilizaba para dar un mordisco preciso en la garganta de la presa.

Cola rechoncha
Su corta cola se parecía a la de un lince actual.

Cuchillas afiladas
Sus caninos superiores, curvados y muy afilados, podían alcanzar los 28 cm de largo.

Patas robustas
A diferencia de la mayoría de los felinos, no era un corredor veloz. Tenía las patas cortas, gruesas y musculosas.

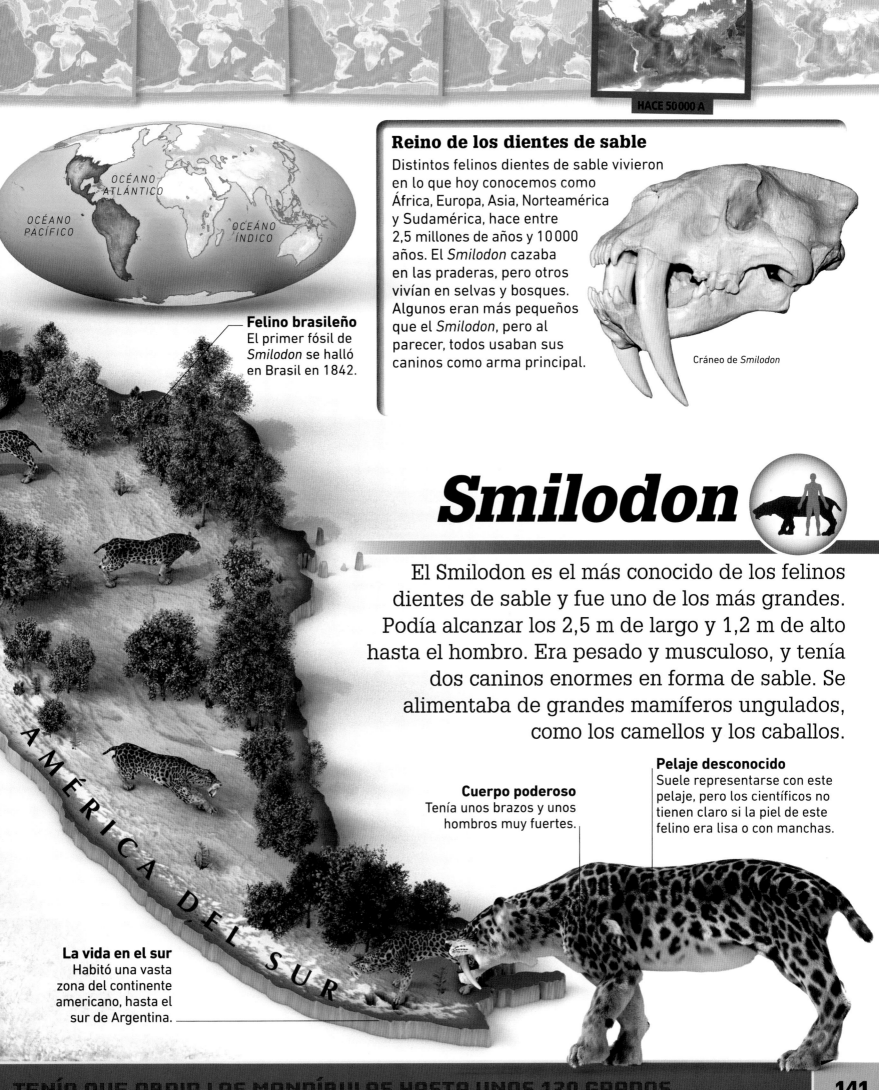

OCÉANO
ATLÁNTICO

OCÉANO
PACÍFICO

OCÉANO
ÍNDICO

Reino de los dientes de sable

Distintos felinos dientes de sable vivieron en lo que hoy conocemos como África, Europa, Asia, Norteamérica y Sudamérica, hace entre 2,5 millones de años y 10 000 años. El *Smilodon* cazaba en las praderas, pero otros vivían en selvas y bosques. Algunos eran más pequeños que el *Smilodon*, pero al parecer, todos usaban sus caninos como arma principal.

Cráneo de *Smilodon*

Felino brasileño
El primer fósil de *Smilodon* se halló en Brasil en 1842.

Smilodon

El Smilodon es el más conocido de los felinos dientes de sable y fue uno de los más grandes. Podía alcanzar los 2,5 m de largo y 1,2 m de alto hasta el hombro. Era pesado y musculoso, y tenía dos caninos enormes en forma de sable. Se alimentaba de grandes mamíferos ungulados, como los camellos y los caballos.

Pelaje desconocido
Suele representarse con este pelaje, pero los científicos no tienen claro si la piel de este felino era lisa o con manchas.

Cuerpo poderoso
Tenía unos brazos y unos hombros muy fuertes.

AMÉRICA DEL SUR

La vida en el sur
Habitó una vasta zona del continente americano, hasta el sur de Argentina.

TENÍA QUE ABRIR LAS MANDÍBULAS HASTA UNOS 120 GRADOS.

Pinturas rupestres

Los humanos primitivos pintaron varios mamuts lanudos en las paredes de distintas cuevas de Europa. Estos tenían joroba, la cabeza abombada y mucho pelo. A veces aparecen luchando o con la trompa levantada.

Color del pelaje

Los estudios genéticos muestran que su pelo debía de ser oscuro y a veces rubio.

Fuera de África

Los fósiles demuestran que se originaron en África y luego se extendieron por Asia y Europa.

Enormes colmillos

Sus enormes colmillos curvos podían llegar a tener 4 m de largo.

Gigante muy conocido

Se han hallado muchos mamuts lanudos congelados en el hielo, con la piel y el pelo intactos. Por eso los científicos conocen mucho mejor a este animal que a cualquier otro de la Edad de Hielo.

Mamut lanudo

Los mamuts eran un grupo de elefantes que vivió hace 5 millones de años. Tenían unos enormes colmillos curvados y unos dientes apropiados para pastar. El más conocido, el mamut lanudo, vivió en Europa, Asia y Norteamérica hace 200 000-4000 años. Era de tamaño medio, de unos 5 m de largo.

Invasión americana
El mamut lanudo cruzó por el puente de Beringia hacia Norteamérica hace 30 000 años.

Superviviente en Siberia
El mamut lanudo sobrevivió en la isla de Wrangel hasta hace 4000 años, cuando las gruesas placas de hielo ya habían desaparecido.

OCÉANO ATLÁNTICO

OCÉANO PACÍFICO

OCÉANO ÍNDICO

Fuerte trompa
Su trompa, fuerte y flexible, estaba cubierta de pelo.

Cría congelada
Entre los ejemplares más famosos están las crías que quedaron atrapadas en el barro y se congelaron en el suelo helado. Uno de ellos es Lyuba, una cría hembra de un mes hallada en la zona ártica rusa que se descubrió en 2007.

Patas peludas
Sus patas estaban recubiertas de largos pelos hasta los pies.

De caza por las praderas

A diferencia de otros mamuts que vivían en hábitats cálidos, el mamut lanudo vivía en climas fríos. Las armas, los huesos dañados y las muestras de arte primitivo dan fe de que los humanos cazaban a estos elefantes peludos de 3 m de alto allí donde moraban.

Varanus priscus

Hace entre 1,6 millones de años y 50 000 años, en lo que hoy se conoce como Australia, vivieron muchos animales increíblemente gigantescos. Entre ellos, el lagarto monitor de 6 m de largo llamado *Varanus priscus*, que originalmente se conocía como *Megalania*.

Cresta ósea
A diferencia de otros lagartos monitor, tenía una cresta ósea en la parte superior del cráneo.

Liso o estampado
Su piel escamosa tal vez era lisa o tenía manchas y rayas.

Mordisco venenoso
Es probable que sus mandíbulas tuvieran glándulas venenosas.

Lagarto monitor gigante
Debía de parecerse a los lagartos monitor actuales, con su largo y grueso cuello. Con su tamaño podía atacar a grandes presas, como canguros gigantes o tejones australianos, del tamaño de un oso, con los que compartía hábitat.

SE CREE QUE PESABA UNOS 1900 KG,

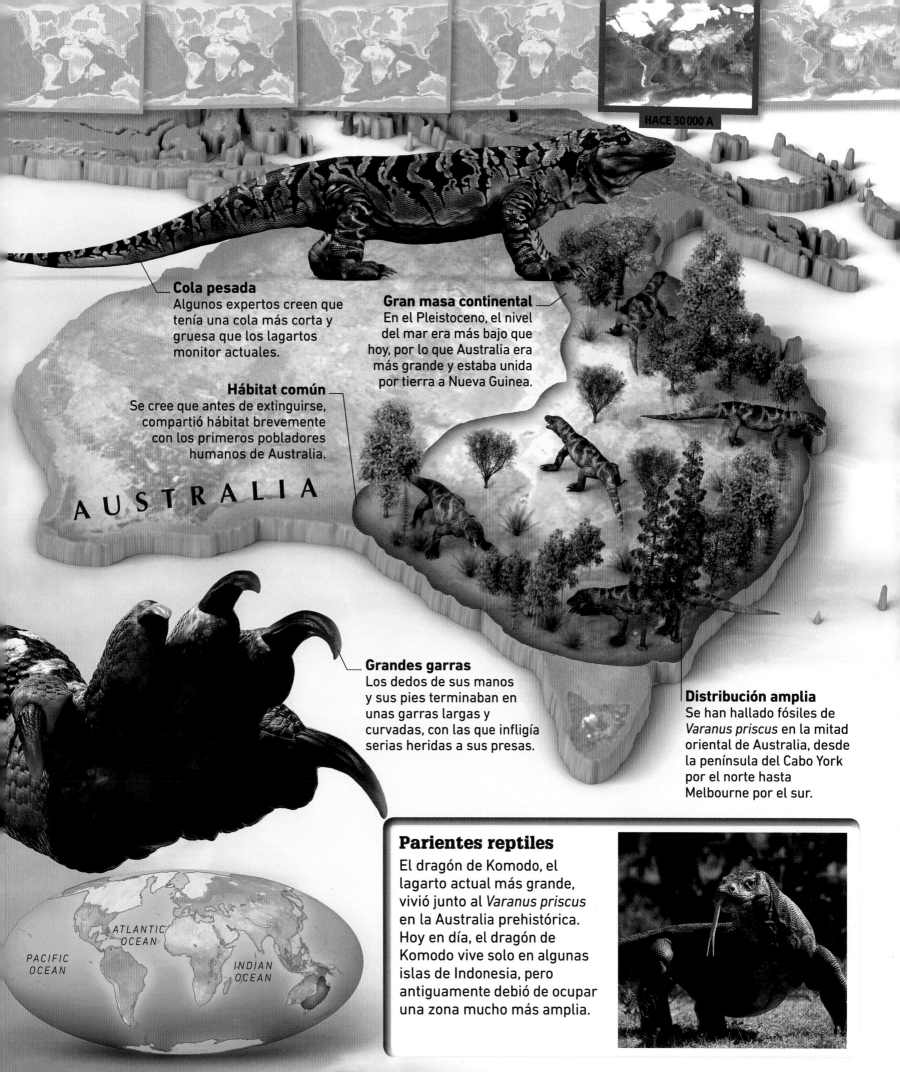

Cola pesada
Algunos expertos creen que tenía una cola más corta y gruesa que los lagartos monitor actuales.

Gran masa continental
En el Pleistoceno, el nivel del mar era más bajo que hoy, por lo que Australia era más grande y estaba unida por tierra a Nueva Guinea.

Hábitat común
Se cree que antes de extinguirse, compartió hábitat brevemente con los primeros pobladores humanos de Australia.

AUSTRALIA

Grandes garras
Los dedos de sus manos y sus pies terminaban en unas garras largas y curvadas, con las que infligía serias heridas a sus presas.

Distribución amplia
Se han hallado fósiles de *Varanus priscus* en la mitad oriental de Australia, desde la península del Cabo York por el norte hasta Melbourne por el sur.

Parientes reptiles
El dragón de Komodo, el lagarto actual más grande, vivió junto al *Varanus priscus* en la Australia prehistórica. Hoy en día, el dragón de Komodo vive solo en algunas islas de Indonesia, pero antiguamente debió de ocupar una zona mucho más amplia.

PACIFIC OCEAN

ATLANTIC OCEAN

INDIAN OCEAN

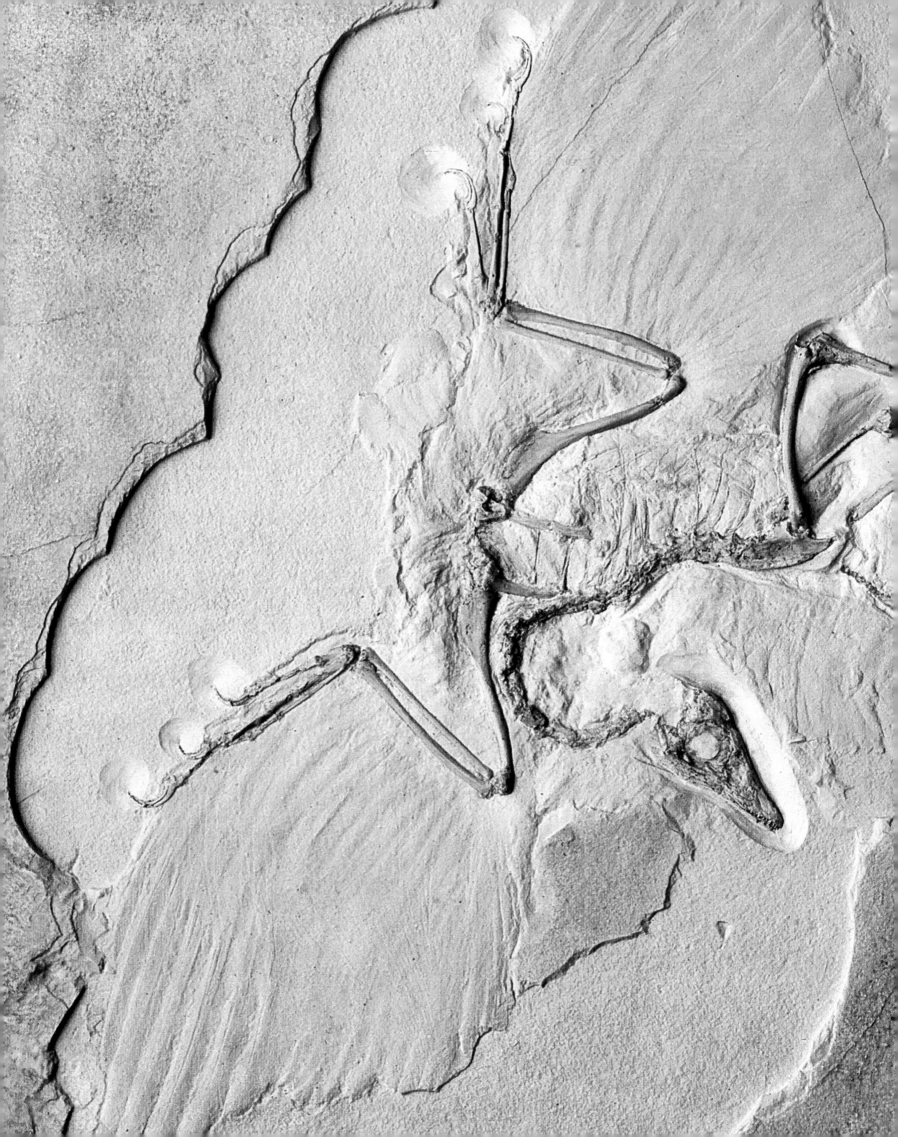

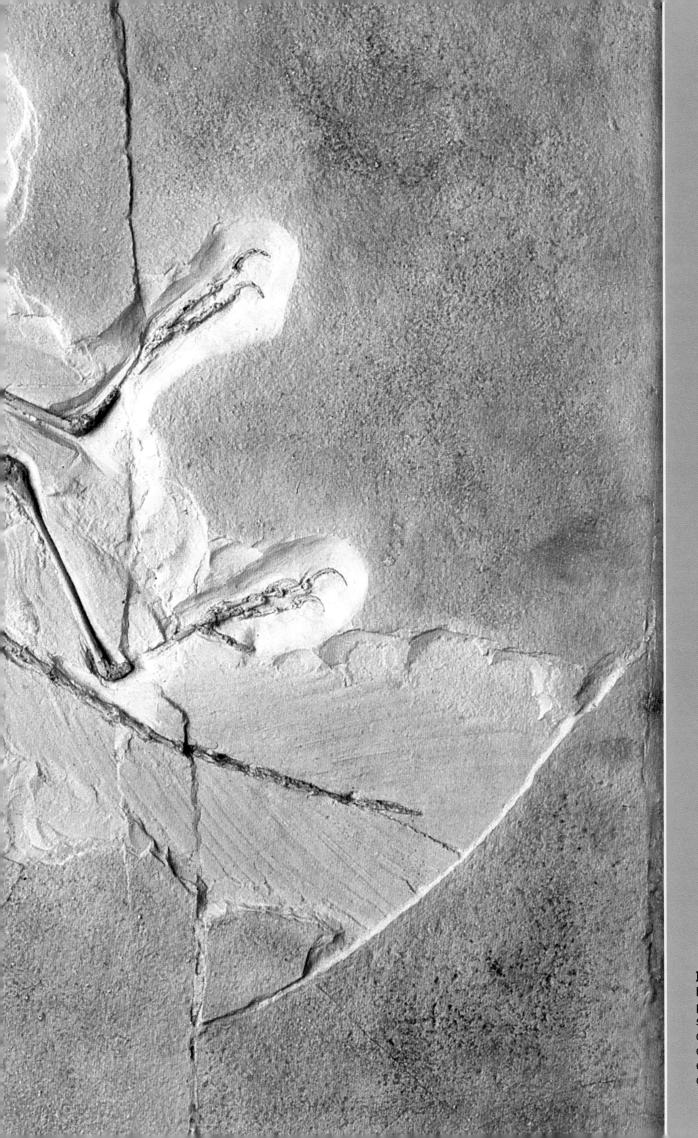

REFERENCIA

Especímenes destacables
En este fósil de *Archaeopteryx* perfectamente conservado se ven claramente las marcas dejadas por las plumas. Con cada nuevo hallazgo, los expertos descubren nuevas cosas del mundo prehistórico.

La fosilización

Gracias a los fósiles sabemos muchas cosas sobre los dinosaurios, los mamuts y otros animales. Pero ¿cómo se convierte un resto vegetal, animal o de cualquier organismo vivo en un fósil? El proceso requiere una serie de condiciones muy concretas.

Un proceso lento

La fosilización es un proceso gradual. Los huesos, hojas y otros restos pueden tardar miles o millones de años en fosilizarse. Estas son las cuatro fases necesarias para que se forme el fósil de un dinosaurio, desde la muerte y conservación del animal hasta su descubrimiento.

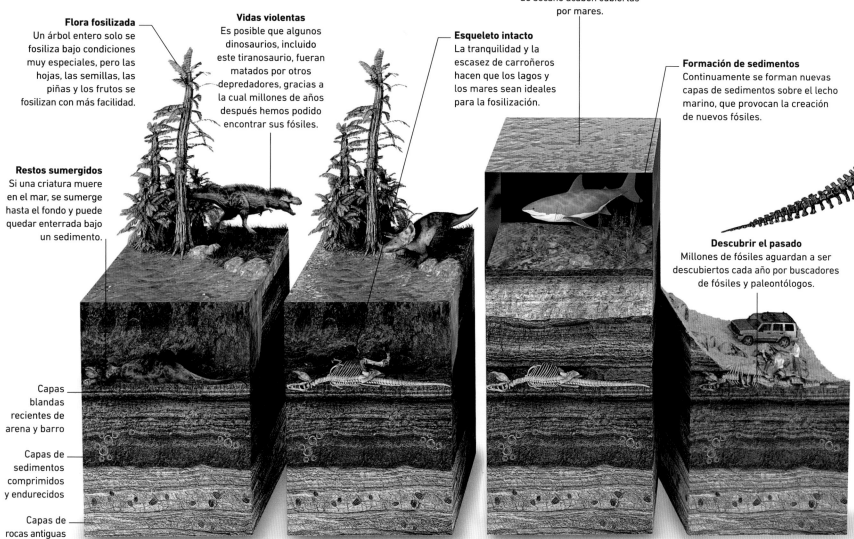

Aumento del nivel del mar
Los cambios en el nivel del mar hacen posible que zonas que antaño fueron de secano acaben cubiertas por mares.

Flora fosilizada
Un árbol entero solo se fosiliza bajo condiciones muy especiales, pero las hojas, las semillas, las piñas y los frutos se fosilizan con más facilidad.

Vidas violentas
Es posible que algunos dinosaurios, incluido este tiranosaurio, fueran matados por otros depredadores, gracias a la cual millones de años después hemos podido encontrar sus fósiles.

Esqueleto intacto
La tranquilidad y la escasez de carroñeros hacen que los lagos y los mares sean ideales para la fosilización.

Formación de sedimentos
Continuamente se forman nuevas capas de sedimentos sobre el lecho marino, que provocan la creación de nuevos fósiles.

Restos sumergidos
Si una criatura muere en el mar, se sumerge hasta el fondo y puede quedar enterrada bajo un sedimento.

Descubrir el pasado
Millones de fósiles aguardan a ser descubiertos cada año por buscadores de fósiles y paleontólogos.

Capas blandas recientes de arena y barro

Capas de sedimentos comprimidos y endurecidos

Capas de rocas antiguas aplastadas

Muerte y descomposición
Cuando un animal muere, los carroñeros suelen comerse sus restos. Algunos animales, no obstante, terminan en algún lugar donde se conservan, por ejemplo, en un lago o mar.

Enterrado en el lodo
Si la tierra o el barro cubren los restos enseguida, estos quedan protegidos de los carroñeros. La mayoría de los fósiles se forman en el lecho de los lagos o mares.

El tiempo pasa
Con el tiempo, se forman nuevos sedimentos encima. Millones de años más tarde, el aumento del nivel del mar hace que la zona se cubra de agua. Los restos se aplanan y se transforman en fósiles.

Descubrimiento del fósil
Las capas de roca se mueven y desgastan a medida que los continentes se desplazan y el agua y el viento erosionan el terreno. Con el tiempo, algunos fósiles quedan al descubierto.

Tipos de fósiles

Los fósiles pueden formarse de distintas formas.
Muchos fósiles están formados por las partes duras
de animales o plantas, que han quedado enterradas,
se han conservado y se han transformado en piedras.
Muy de vez en cuando se conservan las partes blandas.
Otras veces se fosilizan las huellas que han dejado
sobre el suelo los pies de un animal o un caparazón.

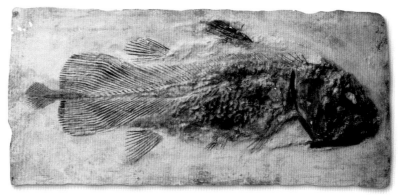

Partes blandas
Algunos animales quedan sepultados tan deprisa que los carroñeros
no pueden destruir las partes blandas. La piel de este fósil de celacanto
es bien visible. Algunos fósiles conservan incluso músculos y órganos.

Restos duros
Los fósiles más comunes son de partes duras. Entre ellos,
huesos y dientes de dinosaurios, como este tricerátops,
o mamíferos, y los caparazones de otras criaturas,
como los moluscos.

Atrapado en ámbar
Los árboles segregan un líquido pegajoso, la resina, que
se fosiliza formando el ámbar. Esta sustancia es capaz
de conservar insectos, como esta mosca. También
puede conservar frutos, pelos y plumas.

Huellas fósiles
Los animales suelen dejar huellas de su actividad en la arena, el
suelo o el barro. Si quedan rápidamente cubiertas por sedimento,
pueden fosilizarse. Aquí vemos huellas de dinosaurio halladas
en la Formación Morrison, Colorado, Estados Unidos.

Molde y pieza
Este trilobite (criatura marina ancestral)
quedó sepultado en el lodo, que luego se
transformó en roca, conservando un molde
del animal. Con el tiempo, el molde se llenó
de barro, que, al endurecerse, formó una
pieza con la misma forma que el trilobite.

Buscadores de fósiles

El ser humano ha encontrado fósiles desde los albores de la humanidad, pero al principio no sabía lo que eran. Hasta el siglo XVIII los expertos no se dieron cuenta de que eran los restos de seres vivos prehistóricos.

Mary Anning

Una de las primeras buscadoras importantes de fósiles fue Mary Anning, de Lyme Regis, en el sur de Inglaterra, Reino Unido. A principios del siglo XIX halló los primeros fósiles completos de reptiles marinos como los plesiosaurios y los ictiosaurios, así como del primer pterosaurio. Escribió sobre sus hallazgos y se convirtió en una de las mayores expertas de la época.

Pionera de la ciencia
Principalmente autodidacta, Anning documentó con notas detalladas sus importantes descubrimientos. Vivía en parte de la venta de fósiles.

Objetos desconocidos

Hasta que los paleontólogos no empezaron a estudiar los fósiles, el ser humano intentaba explicar qué eran y de dónde venían. Algunos creían que eran plantas o animales que se habían transformado en piedra. Otros inventaban historias sobre cómo se habían formado. Un anciano chino, por ejemplo, creía que los fósiles de dinosaurio eran huesos de dragón.

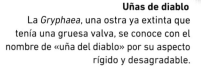

Uñas de diablo
La *Gryphaea*, una ostra ya extinta que tenía una gruesa valva, se conoce con el nombre de «uña del diablo» por su aspecto rígido y desagradable.

Hallazgos fósiles

Nuestros conocimientos sobre los dinosaurios y otros animales prehistóricos deben mucho al descubrimiento de los fósiles. A partir de ellos, los científicos pueden reconstruir un animal fosilizado y así saber qué aspecto tenía. Las primeras tentativas se basaron en fósiles incompletos, por lo que resultaron ser erróneas. Así, por ejemplo, los expertos tardaron varias décadas en confirmar que el *Velociraptor* tenía plumas.

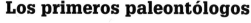

Los primeros paleontólogos

En los siglos XVII y XVIII, los primeros paleontólogos descubrieron animales que no se parecían a nada que hubiesen visto hasta entonces. Ya habían estudiado la anatomía y biología de otros animales vivos, lo que les ayudó a comprender los fósiles que examinaban.

Georges Cuvier
El naturalista francés George Cuvier, considerado el padre de la paleontología, era un gran conocedor de la anatomía animal y fue uno de los primeros expertos en interpretar los restos de fósiles.

Guerra de los huesos

A finales del siglo XIX, mucha gente se dedicó a buscar fósiles, sobre todo de dinosaurios, y a enviarlos a los museos. En Estados Unidos, dos equipos rivales liderados respectivamente por los científicos Othniel Marsh (detrás, en el centro) y Edward Cope competían por llegar los primeros a los nuevos yacimientos. Este período se conoce como la «guerra de los huesos».

Excavación de dinosaurios
Las técnicas utilizadas para sacar los fósiles del suelo no han variado demasiado con los años. Los paleontólogos tienen que ser muy hábiles y usar herramientas resistentes. Aquí vemos a dos expertos extrayendo fósiles de un elefante prehistórico en Indonesia.

Técnicas modernas

Actualmente, los avances tecnológicos permiten a los expertos reconstruir fósiles con la ayuda de un ordenador. Se combinan la información de los rayos X y el escaneo por tomografía computarizada (TC) para recrear imágenes del interior de los fósiles. Con ello, los paleontólogos comprenden mejor la anatomía y la biología de los animales prehistóricos. Una vez creado el modelo digital, pueden examinar el fósil sin necesidad de manipular el objeto físico.

Modelado digital
Ahora es posible mover el fósil y examinarlo en el espacio digital, en lugar de en el mundo real. Eso resulta especialmente útil en el caso de fósiles grandes y pesados. Este investigador está creando una imagen digital del pie y la garra de un dinosaurio.

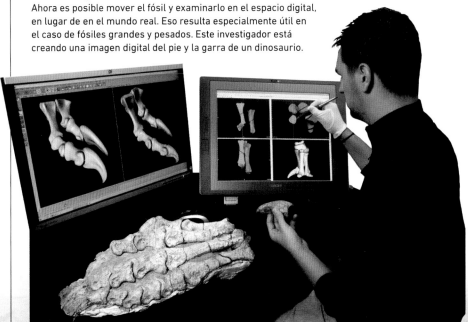

Extinciones masivas

En cinco ocasiones un gran cataclismo ha provocado en la Tierra la desaparición de enormes cantidades de seres vivos, incluidos grupos enteros de plantas y animales. Estos cataclismos se conocen como extinciones masivas. Pueden deberse a distintas causas: desde cambios climáticos drásticos hasta el impacto de un cometa, o una combinación de diferentes factores.

Final del Ordovícico

Una de las extinciones más devastadoras tuvo lugar a finales del Ordovícico, hace unos 443 millones de años. Se extinguieron alrededor del 86 % de los animales marinos, incluidos crustáceos como los trilobites. La principal causa fue seguramente un enfriamiento repentino del planeta, lo que provocó una importante bajada del nivel de los mares y la desaparición de muchos hábitats costeros.

Echinarachnius
Algunos animales oceánicos, como este erizo de mar, se desarrollaron en el Ordovícico y sobrevivieron.

Final del Devónico

La extinción masiva del Devónico ocurrió hace unos 358 millones de años. Provocó la desaparición del 70-80 % de las especies animales del planeta. Se desconoce qué la provocó, pero entre las posibles causas están el cambio en el nivel de los mares, el enfriamiento del clima o el impacto de un cometa.

Pterichthyodes
Numerosos peces se vieron afectados. El *Pterichthyodes* pertenece al grupo extinto de los placodermos.

Final del Pérmico

La extinción masiva más grande se produjo hace 252 millones de años, a finales del Pérmico. Se extinguieron alrededor del 96 % de las especies animales. Fue tan catastrófica que se conoce como «Gran Mortandad». En los mares desaparecieron muchos grupos de invertebrados. En tierra firme se extinguieron grupos de insectos y vertebrados. Se cree que la causa fue la emisión de cantidades masivas de basalto y gases volcánicos en la zona que hoy ocupa Siberia.

Xenacanthus
La extinción del Pérmico fue devastadora. El *Xenacanthus*, parecido al tiburón, fue una de las pocas especies que sobrevivió.

Oxynoticeras
En los océanos, los amonites se extinguieron durante este período. Los caparazones de amonites se encuentran entre los fósiles mesozoicos más abundantes y se conocen cientos de especies.

Final del Cretácico

La extinción más conocida tuvo lugar hace 65,5 millones de años, a finales del Cretácico. Dado que el símbolo del Cretácico es K y el símbolo del Paleoceno, la siguiente era, es Pg., este acontecimiento se conoce como límite K-Pg. Desaparecieron alrededor del 80 % de las especies animales, incluidos los invertebrados marinos y todos los dinosaurios, excepto las aves. La principal causa fue probablemente el impacto de un asteroide o un cometa, pero el cambio climático provocado por los gases volcánicos también debió de contribuir.

Final del Triásico

El final del Triásico, hace unos 201 millones de años, estuvo marcado por otra extinción masiva. Alrededor de la mitad de los animales se extinguieron, incluidos los anfibios gigantes, los invertebrados constructores de arrecifes, así como muchos moluscos y reptiles marinos. Incluyó dos o tres episodios que ocurrieron a lo largo de 18 millones de años. La principal causa fueron los cambios climáticos significativos: calentamiento y enfriamiento rápidos. Lo más probable es que este peligroso patrón climático fuera el resultado de la elevada actividad volcánica y del consiguiente aumento de gases volcánicos. La extinción de algunos de los principales grupos de reptiles hizo posible que los dinosaurios pasaran a ocupar una posición de dominio en el Jurásico.

Plateosaurus
Varios grupos de dinosaurios, como los primitivos sauropodomorfos, que incluye al *Plateosaurus*, se vieron seriamente afectados por la extinción.

Extinción actual

Estamos en la etapa inicial de la sexta extinción masiva, que no se debe a fenómenos geológicos o a meteoritos, sino a los seres humanos. Destruimos el entorno natural contaminándolo, provocando el cambio climático y alimentándonos de seres vivos hasta extinguirlos. A menos que las cosas cambien, muchas especies desaparecerán para siempre.

Tierra maltrecha
Piedras gigantes procedentes del espacio colisionaron con la Tierra en muchas ocasiones, a veces con consecuencias catastróficas. Hace 65,5 millones de años un objeto de 10 km de ancho chocó contra el golfo de México, provocando una gran explosión.

Glosario

Amonita
Molusco marino extinto que tenía un caparazón espiral y largos tentáculos.

Anfibio
Animal vertebrado que nace a partir de un huevo, tiene primero forma de renacuajo y vive en el agua, y luego se convierte en un adulto que respira, como una rana o un tritón. Los anfibios pueden vivir tanto en el agua como en tierra firme.

Anquilosáurido
Tipo de anquilosaurio con una cola ósea en forma de porra que usaba como arma.

Anquilosaurio
Grupo de dinosaurios que tienen el cuerpo cubierto de placas óseas formando una coraza.

Arcosaurios
Grupo de reptiles que incluía a dinosaurios, a unos parientes extintos de los cocodrilos y los caimanes, y a los pterosaurios. Actualmente, el grupo incluye a aves y a los cocodrilos actuales.

Árido
Con muy poca o ninguna precipitación. Suele usarse para describir un entorno muy seco.

Batería dental
Conjunto de pequeños dientes interconectados con que contaban algunos dinosaurios herbívoros, y que les permitía triturar materia vegetal dura.

Bípedo
Animal que se desplaza sobre dos patas.

Cámbrico
Período de la era Paleozoica que empezó hace unos 541 millones de años y terminó hace unos 485 millones de años.

Carbonífero
Período de la era Paleozoica que empezó hace 358 millones de años y terminó hace 198 millones de años.

Carnívoro
Animal que come carne.

Carroñero
Animal que se alimenta de restos de animales muertos y otros desechos.

Ceratopsianos
Grupo de dinosaurios herbívoros, entre los que se encuentran los tricerátops, que solían tener cuernos en la cabeza o un volante óseo detrás de esta.

Cícada
Tipo de planta tropical con una amplia copa de hojas que se parece a las palmeras, aunque no tiene ninguna relación con ellas.

Cocodrílido
Arcosaurio del mismo grupo que los cocodrilos, los caimanes y los gaviales actuales, así como sus parientes más cercanos ya extintos.

Cola de caballo
Planta primitiva del Devónico, que crece en zonas con mucha agua. Consta de un tallo vertical y hojas delgadas. En vez de semillas produce esporas.

Conífera
Tipo de árbol, normalmente perenne, con pequeñas y resistentes hojas en forma de aguja.

Cretácico
Período de la era Mesozoica que empezó hace 145 millones de años y terminó hace 66 millones de años.

Crurotarsos
Grupo de reptiles que incluye a los cocodrílidos y a sus parientes extintos.

Cuadrúpedo
Animal que se desplaza sobre sus cuatro extremidades.

Depredador
Animal que caza y se come a otros animales.

Devónico
Período de la era Paleozoica que empezó hace 419 millones de años y terminó hace 358 millones de años.

Ecosistema
Comunidad de organismos vivos que interaccionan entre sí y con el entorno circundante de un modo determinado.

Entorno
Medio natural de un animal o planta.

Era
Intervalo largo de tiempo geológico, como por ejemplo el Mesozoico, que señala una división concreta en la historia de la vida. Cada era suele subdividirse en varias divisiones de tiempo llamadas períodos.

Era Cenozoica
Era posterior al Mesozoico o «era de los dinosaurios», que empezó hace 66 millones de años y todavía continúa.

Era Mesozoica
Era que abarca desde el Triásico, hace 251 millones de años, hasta el Cretácico, hace 66 millones de años. También se conoce como «era de los dinosaurios».

Espatulado
Con la punta ancha y plana. Este término suele usarse para describir los dientes de los animales herbívoros.

Especie
Tipo específico de organismo, capaz de reproducirse con individuos de la misma clase.

Estegosaurio
Grupo de dinosaurios que solían tener grandes placas o pinchos a lo largo del lomo y la cola.

Evolución
Proceso por el que los animales y las plantas cambian con el paso del tiempo.

Exhibirse
Conducta mostrada por un animal para pasar información a otro. Suele usarse durante el cortejo o para alejar a los intrusos. Así, es posible que el *Cryolophosaurus* usara la cresta para atraer a posibles parejas.

Extinción
Desaparición total de una especie, sin que quede ningún ejemplar en toda la Tierra. A veces se han extinguido varias especies o grupos a la vez.

Extinción masiva
Acontecimiento o serie de estos que provoca la desaparición de muchas formas de vida en un breve lapso de tiempo geológico.

Fósil
Restos o huellas de plantas o animales prehistóricos que se han conservado al quedar rápidamente sepultados y transformarse en piedra. Los restos fósiles pueden incluir pistas, huellas, nidos y excrementos.

Fosilización
Proceso por el que una planta o animal vivo se transforma en fósil.

Ginkgo
Árbol alto sin flores y con hojas semicirculares.

Hadrosáuridos
Grupo de dinosaurios herbívoros que desarrollaron unos conjuntos de dientes complejos llamados baterías dentales, especialmente adaptados para ramonear.

Helecho
Tipo de planta primitiva sin flores que presenta frondas y largos tallos, y crece en lugares húmedos.

Herbívoro
Animal que solo come plantas.

Heterodonto
Animal que posee dos o más tipos de morfología dental, como dientes afilados para cortar y molares para masticar.

Ichthyosaurus
Reptil marino prehistórico que se parecía a un delfín actual.

Jurásico
Período de la era Mesozoica en el que los dinosaurios dominaron la Tierra. Empezó hace 201 millones de años y terminó hace 145 millones de años.

Laguna
Masa poco profunda de agua salada que suele estar separada del mar por un arrecife de coral.

Llanura aluvial
Zona llana junto a un río donde se han depositado sedimentos arrastrados por el agua durante las inundaciones o crecidas estacionales.

Marginocéfalos
Grupo de dinosaurios que incluye animales con cuernos, como el tricerátops y el *Pachycephalosaurus*, con su enorme cabeza gruesa.

Mosasaurios
Grupo de lagartos marinos entre grandes y gigantes que vivieron en los océanos de todo el mundo durante el Cretácico. Tenían aletas y el cuerpo cubierto de escamas.

No volador
Que no puede volar. Se usa para describir animales que pertenecen a un grupo de pájaros o insectos en el que la mayoría de las especies sí pueden volar.

Nodosáurido
Variedad de anquilosaurio cubierto de pinchos que tenía unas placas óseas sobre las caderas, pero que carecía de cola en forma de porra típica de los anquilosaurios.

Omnívoro
Animal que come tanto plantas como carne.

Ordovícico
Período de la era Paleozoica que empezó hace unos 485 millones de años y terminó hace unos 443 millones de años.

Ornitisquios
Perteneciente a uno de los dos grupos principales de dinosaurios. También conocidos como dinosaurios «cadera de ave».

Ornitomimosaurios
Grupo de dinosaurios que se parecían a los avestruces actuales y estaban adaptados para correr. La mayoría no tenían dientes.

Ornitópodos
Grupo de ornitisquios (dinosaurios «cadera de ave») que tenían pies de pájaro. Incluía al *Iguanodon* y a los hadrosáuridos.

Osteodermos
Placas óseas incrustadas en la piel que conformaban la coraza de algunos dinosaurios, como el anquilosaurio, y que están presentes también en animales actuales como los cocodrilos y los caimanes.

Pachycephalosaurus
Grupo de dinosaurios herbívoros con un grueso cráneo abovedado.

Paleógeno
Período de la era Cenozoica que empezó hace 66 millones de años y terminó hace 23 millones de años.

Paleontólogo
Científico que estudia los fósiles y busca indicios de vida prehistórica.

Paleozoico
Era anterior a la «era de los dinosaurios», que empezó hace 541 millones de años y terminó hace 252 millones de años.

Pangea
Supercontinente formado por todas las superficies terrestres de la Tierra. Se formó a finales de la era Paleozoica.

Período
Unidad de tiempo geológico que forma parte de una era.

Pérmico
Período de la era Paleozoica que empezó hace 298 millones de años y terminó hace 252 millones de años.

Plesiosaurios
Grupo de reptiles marinos prehistóricos que vivieron durante la era Mesozoica. Tenían cuatro aletas en forma de ala y una corta cola. Muchos contaban con un cuello largo y flexible, mientras que otros tenían el cuello corto y largas mandíbulas.

Precámbrico
Enorme lapso de tiempo anterior a la era Paleozoica. Incluye los períodos Hádico, Arcaico y Proterozoico. Empezó con la creación de la Tierra, hace 4,6 billones de años, y terminó con el Cámbrico, hace 541 millones de años.

Presa
Animal que es cazado como alimento por otro animal.

Prosaurópodo
Denominación que suele darse a una de las especies de los primeros dinosaurios herbívoros de cuello largo. No son un verdadero grupo científico.

Pterosaurios
Familia de reptiles voladores de la era Mesozoica.

Queratina
Proteína fibrosa y resistente de la que están formados el pelo, las garras, los cuernos, las escamas y las plumas.

Ramonear
Alimentarse de las hojas de árboles y arbustos.

Reptil marino
Reptil que vive en el mar. El término también hace referencia a los plesiosaurios, los *Ichthyosaurus* y los mesosaurios, muchos de los cuales se extinguieron a finales del Cretácico.

Reptiles
Grupo de animales que incluye tortugas, lagartos, cocodrilos, serpientes, dinosaurios y pterosaurios.

Saurisquios
Uno de los dos grupos principales de dinosaurios. También se conocen como dinosaurios «cadera de lagarto».

Saurópodo
Grupo de dinosaurios cuellilargos, de cuatro patas y en su mayor parte gigantescos, que incluye al diplodoco y al *Brachiosaurus*. Evolucionaron a partir de los sauropodomorfos anteriores, conocidos como prosaurópodos.

Sauropodomorfos
Amplio grupo de dinosaurios saurisquios, que incluye a los prosaurópodos y los saurópodos.

Silúrico
Período de la era Paleozoica que empezó hace 443 millones de años y terminó hace 419 millones de años.

Supercontinente
Masa continental gigantesca formada por varios continentes que habían colisionado entre sí.

Terópodos
Uno de los dos grupos principales de dinosaurios saurisquios («cadera de lagarto»). Suelen ser carnívoros y bípedos, e incluye a los pájaros actuales.

Territorio
Región del hábitat de un animal que defiende de sus rivales, normalmente de la misma clase.

Tetrápodos
Animal vertebrado con cuatro extremidades o descendiente de antepasados que tenían cuatro extremidades. Las serpientes y las ballenas actuales son tetrápodos.

Tiranosáuridos
Grupo de terópodos grandes y carnívoros entre los que estaba el *Tyrannosaurus rex*. Los depredadores de esta clase, de finales del Cretácico, tenían grandes mandíbulas, idóneas para triturar huesos.

Tireóforos
Grupo de dinosaurios que incluye a los acorazados anquilosaurios y estegosaurios.

Titanosaurio
Grupo de dinosaurios saurópodos que solían tener un tamaño inmenso, entre ellos los animales terrestres más grandes que hayan existido nunca.

Triásico
Período de la era Mesozoica que empezó hace 251 millones de años y terminó hace 201 millones de años.

Vértebra
Huesos que forman la columna vertebral de un animal vertebrado.

Vertebrado
Animal con una columna vertebral formada por vértebras, como los dinosaurios, mamíferos, aves y peces.

Visión binocular
Capacidad de ver un objeto con dos ojos, como los humanos. Al igual que nosotros, un animal con visión binocular puede ver en 3D.

Índice

Agradecimientos

Dorling Kindersley da las gracias a:
Sarah Edwards, Vicky Richards y Jenny Sich, por su asistencia editorial; Kit Lane y Shahid Mahmood, por su asistencia en el diseño; Elizabeth Wise, por el índice; Caroline Stamps, por la corrección del texto.

Smithsonian Enterprises:
Kealy Gordon, Dirección de Desarrollo de Producto; Ellen Nanney, Dirección Sénior de Licencias Editoriales; Jill Corcoran, Dirección de Licencia Editoriales; Brigid Ferraro, Vicepresidencia de Productos Educativos y de Consumo; Carol LeBlanc, Vicepresidencia Sénior de Productos Educativos y de Consumo.

Revisión por el Smithsonian:
Matthew T. Miller, Técnico Museográfico Departamento de Paleobiología, Museo Nacional de Historia Natural.

Los editores agradecen a los siguientes su permiso para reproducir sus fotografías:
(Leyenda: a, arriba; b, bajo/debajo; c, centro; e, extremo; i, izquierda; d, derecha; s, superior)

11 Alamy Stock Photo: Angela DeCenzo (bc). **Science Photo Library:** Chris Butler (br). **13 Getty Images:** Albert Lleal / Minden Pictures (ca). **Science Photo Library:** Jaime Chirinos (cd). **18 Dorling Kindersley:** James Kuether (ci). **22-147 plants by Xfrog, www.xfrog.com:** (árboles y arbustos en los mapas). **22 Dorling Kindersley**: Museo Estatal de la Naturaleza, Stuttgart (bc). **25 Dorling Kindersley:** Museo de la Naturaleza Senckenberg, Frankfurt (cd). **28 Alamy Stock Photo:** age fotostock (bi). **29 123RF. com:** Dave Willman / dcwcreations (bd). **30 Getty Images:** Francesco Tomasinelli / AGF / UIG (cia). **31 iStockphoto.com:** ivan-96 (cd). **32 Science Photo Library:** Museo de Historia Natural, Londres (bi). **36 Dorling Kindersley:** Museo de Historia Natural, Londres (cib). **38 Dorling Kindersley:** Royal Tyrrell Museum of Palaeontology, Alberta, Canadá (cia). **41 Dorling Kindersley:** Museo Americano de Historia Natural (cdb). **Dreamstime.com:** Peter.wey (bd). **44 Dorling Kindersley:** Museo de Historia Natural, Londres (cib). **46 Dorling Kindersley:** Museo de Historia Natural, Oxford (cd). **49 Alamy Stock Photo:** William Mullins (bd). **52 Science Photo Library:** Millard H. Sharp (bi). **54 Getty Images:** Eitan Abramovich / AFP (cib). **56 Getty Images:** Independent Picture Service / UIG (cib). **60 Alamy Stock Photo:** Rebecca Jackrel (bd). **62 www.skullsunlimited.com:** (bi). **63 Depositphotos Inc:** AndreAnita (bd). **65 Getty Images:** Fotografía de Michael Schwab (cd). **68 Dorling Kindersley:** (si). **72 Alamy Stock Photo:** World History Archive (cia). **74 Alamy Stock Photo:** John MacTavish (bd). **75 Getty Images:** Robert Clark / National Geographic (bd). **76 Alamy Stock Photo:** Museo de Historia Natural (bi). **79 Alamy Stock Photo:** Arco Images GmbH (bi). **Dorling Kindersley:** Museo de Historia Natural, Londres (bd). **81 Patronato del Museo de Historia Natural, Londres:** (bd). **82 www.eofauna.com:** (cib). **83 Alamy Stock Photo:** Biosphoto (bc). **86-87 Studio 252MYA:** Julio Lacerda. **89 Getty Images:** Olaf Kruger (cda). **92 Alamy Stock Photo:** The Bookworm Collection (bi). **94 123RF. com:** Vladimir Blinov / vblinov (b). **Science Photo Library:** Mauricio Anton (bi). **96 Reuters:** Reinhard Krause (bd). **97 123RF. com:** Barisic Zaklina (cdb). **98 Alamy Stock Photo:** World History Archive (ci). **100-101 Davide Bonadonna. 102 Alamy Stock Photo:** Mike P Shepherd (bd). **107 Alamy Stock Photo:** Museo de Historia Natural (bi). **109 Dorling Kindersley:** Museo de Historia Natural, Londres (bd); Senckenberg Gesellshaft Für Naturforschugn Museum (bc). **111 Alamy Stock Photo:** Goran Bogicevic (bd). **114 Alamy Stock Photo:** Lou-Foto (ci). **116 Science Photo Library:** Dirk Wiersma (bd). **117 Louie Psihoyos ©psihoyos.com:** (bd). **119 Alamy Stock Photo:** Martin Shields (bd). **123 Getty Images:** Kazuhiro Nogi / AFP (cda). **126 Getty Images:** Morales (bi). **127 Alamy Stock Photo:** Richard Cummins (cda). **129 Science Photo Library:** Peter Menzel (cdb). **134 Getty Images:** Michael Loccisano (ci). **137 Richtr Jan:** (cdb). **138 Alamy Stock Photo:** Roland Bouvier (cib). **141 Alamy Stock Photo:** Scott Camazine (cda). **142 Alamy Stock Photo:** Granger Historical Picture Archive (ci). **143 Rex by Shutterstock:** Matt Dunham / AP (bc). **147 123RF.com:** Andrey Gudkov (bd). **151 123RF.com:** Camilo Maranchón García (bi); W. Scott McGill (cb). **Dorling Kindersley:** Museo de Historia Natural, Londres (td); Royal Tyrrell Museum of Palaeontology, Alberta, Canada (c); Museo de Historia Natural (bd). **152 Alamy Stock Photo:** Pictorial Press Ltd (cda). **Getty Images:** James Thompson / Underwood Archives (bi). **152-153 Alamy Stock Photo:** Reynold Sumayku (b). **153 Alamy Stock Photo:** Science History Images (si). **Science Photo Library:** Pascal Goetgheluck (cd). **154-155 Science Photo Library:** Mark Garlick (b). **155 123RF.com:** Vladimir Salman (cda)

Resto de las imágenes © Dorling Kindersley Para más información ver: **www.dkimages.com**

OCÉANO GLACIAL ÁRTICO

Mar de Chukchi
Mar de Beaufort
Islas de la Reina Isabel
Isla de Ellesmere
Groenlandia
Mar de Groenlandia

Estrecho de Bering
Isla Victoria
Bahía de Baffin
Tierra de Baffin
Estrecho de Dinamarca
Islandia
Mar de Norue

Montes Brooks
Mackenzie
Gran Lago del Oso
Estrecho de Davis

Yukón
Monte McKinley (Denali) 6.194 m
Mar de Bering
Montañas Costeras
Gran Lago del Esclavo
Bahía de Hudson
Península de Ungava
Mar del Labrador

Cuenca de las Aleutianas
Golfo de Alaska
Escudo Canadiense
Mar del Norte
Islas Británicas

Islas Aleutianas
Montañas Rocosas
Lago Winnipeg
Montes Laurentinos
Golfo de Vizcaya

Fosa de las Aleutianas
Isla de Vancouver
AMÉRICA DEL NORTE
Grandes Bancos de Terranova
Península Ibérica

Zona de Fractura de Mendocino
Snake
Grandes Lagos
Grandes Llanuras
Misuri
Ohio
Montes Apalaches
Cuenca Norteamericana
Azores
Montes Atlas

Zona de fractura de Murray
Colorado
Sierra Madre Oriental
Misisipi
Bermudas
Madeira
Sáh

Altura sobre el nivel del mar
Baja California
Golfo de México
Indias Occidentales
Antillas Mayores
Islas Canarias
Sah

8.000 m — 25.000 pies
7.000 m
6.000 m — 20.000 pies
Sierra Madre Occidental
Península de Yucatán
Fosa de Centroamérica
OCÉANO
Mar Caribe
Antillas Menores
Islas de Cabo Verde
OCÉANO

5.000 m — 15.000 pies
PACÍFICO
Orinoco
Macizo de las Guayanas
ATLÁNTICO
Golfo de Guinea

4.000 m
3.000 m — 10.000 pies
Islas Galápagos
Caquetá
Negro
Amazonas
Niger

2.000 m
1.000 m — 5.000 pies
Cuenca Amazónica
AMÉRICA DEL SUR
Ascensión

Nivel del mar — Nivel del mar
Fosa de Perú-Chile
Andes
Cuenca de Perú
Meseta del Mato Grosso
Meseta de Brasil
Cuenca de Brasil
Cuenca d Santa Elena
Angola

-1.000 m — -5.000 pies
Dorsal del Pacífico Oriental
Gran Chaco
Paraná
Dorsal Mesoatlántica

-2.000 m
Isla de Pascua
Dorsal de Nazca
Uruguay
Meseta de Río Grande
Cuen El Ó

-3.000 m — -10.000 pies
Archipiélago Juan Fernández
Aconcagua 6.959 m
Dorsal de Walvis
Tristan da Cunha

-4.000 m — -15.000 pies
Meseta de Chile
Pampas
Meseta de Río Grande
Isla de Gough

-5.000 m
Patagonia
Cuenca de Argentina
Dorsal Mesoatlántica

-6.000 m — -20.000 pies
Islas Malvinas

-7.000 m
Georgia del Sur
Dors

-8.000 m — -25.000 pies
Zona de fractura de Eltanin
Llanura abisal de Mornington
Tierra del Fuego
Cabo de Hornos
Islas Sandwich del Sur

△ Montaña
Río
Río estacional
Paso Drake

Cuenca del Pacífico Sudoriental
Península Antártica
Llanura abisal de Weddell
OCÉANO